经济学学术文库·数量经济学

新常态下国际贸易对中国产业结构变迁的影响研究

叶提芳　著

Research on the Influence of International Trade on China 's Industrial Structure Change under the Backgroud of New Normality

華中科技大學出版社
http://www.hustp.com

图书在版编目(CIP)数据

新常态下国际贸易对中国产业结构变迁的影响研究/叶提芳著. —武汉：华中科技大学出版社，2017.6

ISBN 978-7-5680-2812-7

Ⅰ.①新…　Ⅱ.①叶…　Ⅲ.①国际贸易-影响-产业结构调整-研究-中国　Ⅳ.①F121.3 ②F752

中国版本图书馆 CIP 数据核字(2017)第 101913 号

新常态下国际贸易对中国产业结构变迁的影响研究　　叶提芳　著

Xinchangtai Xia Guoji Maoyi Dui Zhongguo Chanye Jiegou Bianqian De Yingxiang Yanjiu

策划编辑：王汉江
责任编辑：陈元玉
封面设计：原色设计
责任校对：曾　婷
责任监印：周治超

出版发行：华中科技大学出版社(中国·武汉)　　电话：(027)81321913
武汉市东湖新技术开发区华工科技园　　邮编：430223

录　　排：华中科技大学惠友文印中心
印　　刷：武汉华工鑫宏印务有限公司
开　　本：710mm×1000mm　1/16
印　　张：9.75　插页：1
字　　数：192 千字
版　　次：2017 年 6 月第 1 版第 1 次印刷
定　　价：36.00 元

前言

在经济新常态背景下，我国经济正处于新旧产业和发展动能转换的接续关键期。随着我国经济发展进入新常态，我国的经济增长速度进入换挡期，结构调整进入阵痛期。2015年的“两会”上，政府指出在经济新常态下，要将发展重点放在调整经济结构和产业转型升级上，足见产业结构优化升级对一国经济总体发展的重要影响。但是，如果我们仅以传统的经济学眼光看待“经济转型、产业升级”，将产业升级局限于加工工业进步，将提高“创新力”局限于增加科技因素、加快机器设备更新，那么我们将会错过时代的列车，无法跻身世界经济前列。在当今世界范围内，产业结构的内涵正剧烈地演变，不仅以第一产业为一国经济发展主导产业的农牧时代基本消亡，以第二产业为经济发展主要支撑的工业时代也渐行渐远，世界上很多发达国家已经步入后工业化时代，知识、信息产业发展迅速，我国的知识经济产业也在经历着日新月异的变化。那么，经济新常态下产业结构变迁和经济增长具有什么样的关系特征？在经济新常态背景下，我国的对外贸易面临着稳定增长、调整结构和提高质量等新的问题和挑战，如何在新常态的背景下保持我国对外贸易的平稳增长和结构优化，已经成为一个亟待解决的现实问题。本书主要是针对产业结构变迁和经济增长、产业结构变迁与国际贸易这两个方面来展开研究的。这两个方面的研究具有一定的递进关系，原因在于：从国际贸易的视角看，产业是各国进行对外贸易的基础，是国际贸易竞争力的源泉；从经济增长的理论视角看，国际贸易可以通过国际竞争提高一国的劳动生产率，进而促进经济增长；可见，国际贸易与产业结构、经济增长具有高度的相关性。因此，建立与经济发展相适应的产业结构及贸易结构是平衡新常态下中国经济发展的关键。

本书基于上述背景，选择新经济背景下中国产业结构变迁和国际贸易为研究对象，主要针对以下几个问题展开研究：经济新常态下产业结构变迁和经济增长具有什么样的关系特征？中国国际贸易与产业结构的变迁有着怎样相互影响的关系？中国服务业的发展在多大程度上受到国际分工的影响？中国的可贸易性服务行业的结构与其贸易结构之间有着怎样的相关性？本书基于最优控制模型和数值模拟展开理论研究，利用面板数据和联立方程组模型展开实证分析。除了第一章的概述，正文的主要内容如下：第二章内容是对产业结构变迁与国际贸易理论基础的阐述，包括产业结构变迁的理论框架基础、国际分工基本理论与产业结构变迁，以及国际贸易影响产业结构变迁的理论基础。第三章内容是对中国三次产业变迁的历程及中国改革开放三十多年来国际贸易结构变迁的理论基础的概述，同时对中国发展所处阶段进行了合理的判定，并对中国产业结构变迁的驱动力进行了总结，还对美国、日本、韩国的产业结构变迁和国际贸易与中国的情况进行了横向对比。第四章内容是在中国新常态背景下，建立封闭框架中的四部门经济增长模型，得到经济新常态背景下产业结构变迁与经济增长的关系。第五章将研究扩展到开放框架中，首先对理论模型进行分析，得到一国的工业部门就业份额会出现倒"U"形变化的结论；然后使用 12 个城市的面板数据进行实证分析。第六章内容是在中国新常态背景下，基于"制造-服务"国际分工视角，分析中国出现产业结构的演进滞后于经济增长这种现象的原因，并使用联立方程组模型进行实证分析。第七章内容是对中国新常态背景下的可贸易性服务业结构变化及其对外贸易结构变化的分析，提示研究中国可贸易性服务业的逆差现状，为提升服务业对外贸易的竞争力和服务业内部结构的优化升级提供一定的线索。第八章内容是对全书的总结，并展望未来，提出进一步研究空间的意见。

本书的研究特点是以新的视角和方法来研究国际贸易对产业结构变迁的影响，在理论和方法上都有一定创新之处。

从理论方面来看，本书的理论研究不是简单地照搬，而是结合实际情况对其进行改进。在前工业时代或工业化初期阶段，资本的动态积累只是发生在工业部门，以往的文献都是以此为背景建立理论模型展开研究的；而在中国经济新常态背景下，随着工业化中期向后期阶段的迈进，资本的动态积累中越来越高的比例发生在服务业部门。本书基于新常态下的这种特征，将投资部门独立出来，建立四部门的动态经济增长模型，使用动态最优化的方法，分两种机制来从理论上考察产业结构变迁的新特征。因此，本书在理论方面具有一定的创新性。

从研究方法来看，本书体现国际贸易影响产业结构变迁在新常态背景下的特征，建立贸易国在开放框架下的静态优化模型，从理论上分析在存在国际贸易的情况下，一国工业部门的就业份额出现倒"U"形变化的发生机制，并使用中国 12 个城市的面板数据证实了国际贸易对工业就业份额产生倒"U"形影响的结论，求得拐点的数值，具有一定的创新性。

从研究视角来看，本书在"制造-服务"的国际分工的视角下，研究中国现阶段产业结构的发展滞后于经济发展的原因。中国目前产业结构演进缓慢，且服务业的发展远远滞后于世界上同等发展水平的国家，以往的文献总是将问题归结为中国的低消费率、低城市化率或服务业的对外开放不足的问题上，也有一些文献认为是行业垄断等体制和政策的问题。因此，本书的研究视角具有一定的创新性。

本书的出版得到了华中科技大学出版社的大力支持和帮助，在此表示衷心的感谢。

叶提芳于湖北经济学院

2017 年 4 月

目　录

第一章　概述 …… (1)
第一节　研究背景与意义 …… (1)
一、研究背景 …… (1)
二、研究意义 …… (2)
第二节　研究现状与评述 …… (3)
一、研究现状 …… (3)
二、研究现状评述 …… (9)
第三节　研究方法与创新之处 …… (10)
一、研究方法 …… (10)
二、创新之处 …… (11)
第四节　技术路线与逻辑框架 …… (12)
一、技术路线 …… (12)
二、逻辑框架 …… (12)

第二章　产业结构变迁与国际贸易的理论基础 …… (15)
第一节　产业结构相关理论概述 …… (15)
一、产业分类法与产业结构变迁 …… (15)
二、产业内部间结构变迁 …… (22)
第二节　产业结构变迁的理论框架基础 …… (24)
一、收入效应引起产业结构变迁的理论框架 …… (25)
二、价格效应引起产业结构变迁的理论框架 …… (28)
第三节　国际贸易影响产业结构变迁的理论基础 …… (30)
一、国际贸易对产业结构变迁的影响 …… (30)
二、国际贸易影响产业结构变迁的传导机制 …… (31)
第四节　国际分工基本理论与产业结构变迁 …… (33)
一、国际分工理论的演化 …… (33)

二、国际分工与中国产业结构变迁的关系 …………………………………… (35)
三、关于中国国际分工与产业结构变迁的研究结果 ……………………………… (36)

第三章　国际贸易影响产业结构变迁的国际经验分析 ………………… (37)
第一节　中国产业结构变迁与国际贸易概述 ……………………………… (37)
一、中国三次产业现状分析 ……………………………………………… (37)
二、关于对中国发展阶段现状的判断………………………………………… (39)
三、关于中国国际贸易发展历程的总体描述 ……………………………… (40)
四、中国产业结构变迁的内生驱动力………………………………………… (44)
第二节　产业结构变迁的国际经验 ……………………………………… (47)
一、美国经验 ……………………………………………………………… (47)
二、日本经验——赶超型的产业结构变迁 ………………………………… (51)
三、韩国经验——体制创新型产业结构变迁 ……………………………… (53)
第三节　国际经验比较总结 ……………………………………………… (55)

第四章　新常态下中国的产业结构变迁与经济增长 ………………… (58)
第一节　经济新常态背景下的产业结构新特点 ………………………… (58)
一、产业结构的新特点………………………………………………………… (58)
二、关于投资的说明…………………………………………………………… (59)
第二节　产业结构变迁之理论模型的建立及分析 ……………………… (61)
一、产业结构变迁的理论模型 ……………………………………………… (61)
二、产业结构变迁的理论分析 ……………………………………………… (65)
三、数值模拟 ………………………………………………………………… (72)
四、结论及其现实含义………………………………………………………… (76)

第五章　新常态下国际贸易与工业部门就业的分析 ………………… (77)
第一节　国际贸易影响工业部门就业的理论模型 ……………………… (77)
一、理论模型的建立…………………………………………………………… (77)
二、理论模型的求解及分析 ………………………………………………… (79)
第二节　国际贸易影响工业部门就业的实证分析 ……………………… (83)
一、实际问题的描述…………………………………………………………… (84)
二、计量模型的建立…………………………………………………………… (87)
三、国际贸易影响工业就业的实证结果……………………………………… (89)
四、新常态下国际贸易影响工业就业的结论 ……………………………… (92)

第六章　新常态下中国产业结构转型缓慢的因素分析 …………… (94)
第一节　中国产业结构转型缓慢的描述 …………… (94)
一、中国服务业整体变化趋势分析 …………… (94)
二、中国服务业内部结构变化趋势分析 …………… (96)
三、中国三次产业结构转型系数变化趋势分析 …………… (97)
第二节　中国产业结构变迁背离国际经验的分析 …………… (99)
一、中国服务业发展滞后于国际水平概述 …………… (99)
二、中国产业结构变迁背离国际经验的原因总结 …………… (101)
第三节　国际分工视角下中国产业结构转型缓慢的实证分析 …………… (103)
一、国际分工影响产业结构变迁的机理分析 …………… (104)
二、国际分工影响产业结构变迁的计量模型的建立 …………… (105)
三、国际分工对产业结构影响的实证结果及分析 …………… (110)
四、国际分工对产业结构影响的结论 …………… (113)

第七章　新常态下服务业国际贸易与服务业结构变迁分析 …………… (115)
第一节　可贸易性服务业结构变化的整体考察 …………… (115)
一、关于统计指标的说明 …………… (115)
二、可贸易性服务业结构的变化分析 …………… (116)
第二节　服务业国际贸易结构变化的整体考察 …………… (117)
一、服务业国际贸易结构的变化趋势分析 …………… (118)
二、服务贸易逆差现状及趋势分析 …………… (120)
第三节　服务业国际贸易结构与服务业结构变化的比较分析 …………… (123)
一、国际贸易与行业发展变化一致的行业 …………… (124)
二、国际贸易与行业发展变化无关的行业 …………… (126)
第四节　新常态下服务业国际贸易及其结构变迁的研究总结 …………… (130)

第八章　结论、政策建议与展望 …………… (133)
第一节　研究结论 …………… (133)
一、新常态下中国的产业结构变迁规律 …………… (133)
二、国际贸易对工业就业的影响 …………… (133)
三、国际分工对中国产业结构转型缓慢的影响 …………… (134)
四、可贸易性服务业内部结构及其国际贸易结构 …………… (135)
第二节　政策建议 …………… (136)
一、在国际贸易方面的建议 …………… (136)
二、在产业结构调整方面的建议 …………… (137)

三、在劳动力方面的建议 …………………………………………………………… (138)
四、在可贸易性服务业方面的建议 ………………………………………………… (138)
五、其他政策建议 ………………………………………………………………… (140)
第三节 展望 ……………………………………………………………………… (140)

参考文献 ……………………………………………………………………………… (142)

第一章 概 述

第一节 研究背景与意义

一、研究背景

新常态是新旧产业和发展动能转换的接续关键期。随着我国经济发展进入新常态,我国的经济增长速度进入换挡期,结构调整进入阵痛期。2015 年的“两会”上,政府指出在经济新常态下,要将发展重点放在调整经济结构和产业转型升级上,足见产业结构优化升级对一国经济总体发展的重要影响。但是,如果我们仅以传统的经济学眼光看待“经济转型、产业升级”,将产业升级局限于加工工业进步,将提高“创新力”局限于增加科技因素、加快机器设备更新,那么我们将会错过时代的列车,无法跻身世界经济前列。在当今世界范围内,产业结构的内涵正剧烈地演变,不仅以第一产业为一国经济发展主导产业的农牧时代基本消亡,以第二产业为经济发展主要支撑的工业时代也渐行渐远,世界上很多发达国家已经步入后工业化时代,知识、信息产业发展迅速,我国的知识经济产业也在经历着日新月异的变化。那么,经济新常态下产业结构变迁和经济增长具有什么样的关系特征？在经济新常态背景下,我国的对外贸易面临着稳定增长、调整结构和提高质量等新的问题和挑战,如何在新常态的背景下保持我国对外贸易的平稳增长和结构优化,已经成为一个亟待解决的现实问题。本书主要是在我国经济新常态背景下、经济双重转型期,针对产业结构变迁和经济增长、产业结构变迁与国际贸易这两个方面来展开研究的,其中还涉及经济结构转型期产业结构变迁的规律。下面主要从我国产业结构和国际贸易的现状两个角度来阐述本书的研究背景。

第一,从发展阶段来说,目前大多数发达国家已经步入后工业化时代,我国正处于经济结构转型期,这主要是指从工业化中期向后期过渡的时期①,这个时期的中国,主导产业逐步转向服务业,特别是金融保险服务业、计算机软件信息产业这

---

① 关于我国所处发展阶段的判断,将在第二章第一节中详细介绍。

些知识和技术密集型产业，将成为我国经济发展的强劲动力。

第二，这些年，我国对外贸易的发展呈现持续性、规模性的增长。这几年对外贸易依存度[①]基本保持在45%以上，同时我国积极参与“制造-服务”的国际分工，并且一直是处于服务贸易的巨大逆差、货物贸易的巨大顺差状态。

第三，中国产业结构出现偏差，工业严重阻碍了服务业的发展。2013年，中国按1978年不变价计算的三次产业的产值比重依次为4.5%、66.7%及28.8%；第三产业的就业份额只有38.5%；1978年以来，第三产业产值的增长速度大部分年份小于第二产业的；产业转型系数也在逐渐变小。以上这些一方面说明了中国出现服务业发展缓慢、产业结构演进近乎停滞的现象；另一方面，国民经济却保持着多年的高速增长，这种产业结构发展滞后于国民经济发展的现象是有悖于国际经验的。

第四，我国服务业贸易的发展规模相比其对应行业的发展规模实力还较小，服务业内部结构及其对外贸易中，属于劳动力密集型行业的旅游业和资本密集型行业的交通运输业比重较高。然而，属于知识密集型行业的金融保险服务业和信息、计算机软件业占比较低，竞争力较弱，这样的结构急需优化。

第五，我国服务业贸易自1995年出现逆差以来，一直持续到现在，并且短时期内还有持续的趋势。服务业的对外贸易中，逆差主要出现在交通运输业、旅游业、金融保险服务业，其中旅游业贸易逆差增长最快，2012年开始超过交通运输业，成为第一大服务贸易逆差来源项。

二、研究意义

（一）理论意义

传统关于宏观经济内生增长的研究，不可避免会用到经济增长的理论模型，在模型的设置中，往往假定资本的动态积累发生在工业部门，鉴于中国统计年鉴指标的特性，目前国内很多学者使用的是固定资本形成总额来代理投资（张军，2004）。在工业社会发展的初期阶段，固定资本形成总额的主要组成部分是投资完成的住宅、非住宅建筑物和机器、设备（减处置）价值，因此，以往文献中的模型基本都是假设投资只发生在工业部门[②]（Kongsamut 等，2001；Ngai 和 Pissarides，2007；Dekle 和 Guillaume，2012）。在经济新常态背景下，软件产业这种无形的固定资本形成对经济增长起着越来越重要的作用，这便打破了投资只是发生在工业

① 此处我们用进出口总额与GDP的比值来衡量。

② 这里的工业部门指的是按照《2011国民经济行业分类注释》分类中的第二产业各部门。另外，下文提到的农业部门便是第一产业各部门，服务业部门指的是第三产业各部门。

部门的传统观念。因此，本书在设置增长模型时，首先将投资部门独立出来，建立四部门的模型，根据对参数的设置，从“收入效应”和“价格效应”两种机制来分析产业结构变迁；接着推广到开放框架，研究国际贸易对产业结构变迁的影响，分别从出口依存度对工业部门就业的倒“U”形影响和国际分工对中国服务业发展滞后的影响两个方面来分析，这一研究既是使用内生增长模型来对产业结构变迁的拓展，又是产业结构变迁在开放框架下与国际贸易相结合的进一步讨论。同时本书从基于国际分工的视角来解释中国在多年保持经济高速增长的情况下，产业结构演进却近乎停滞的相悖现象。这些都有重要的理论意义。

（二）现实意义

2011 年末的欧洲债务危机造成的世界经济失衡持续到现在，加上近两年贸易保护主义的出现，发达国家将这些现象的根源指向中国失衡的贸易结构，而失衡的贸易结构是由失衡的经济结构产生的，失衡的经济结构背后又是扭曲的产业结构。失衡的原因从结构上看，主要是制造业发展过度、服务业发展不足；从政策上看，主要是不能打破“制造-服务”的国际分工模式，从而不能将良性的国际分工传导到产业结构上来纠正中国产业结构的偏差。因此，我们的主要问题是，在我国经济新常态背景下，经济结构处于双重转型期阶段，国际贸易对中国工业就业的影响是怎样的？出口依存度对工业部门就业的倒“U”形影响的拐点在哪里？国际分工对中国经济向服务经济演进的影响是怎样的？可贸易性服务业的国际贸易与服务业结构变化有着什么样的特征？可贸易性服务业中哪些行业对外贸易的发展具有基础作用？哪些行业对外贸易的发展对该行业具有推动作用？对于我国可能还要持续的服务贸易逆差是否合理？对这些问题的研究和回答，能给现阶段我国提供一定的政策参考意见，从而使我国不至于落入“低端制造化”的陷阱，进而顺利完成从经济结构的转型迈向后工业化社会。因此，本书的研究具有重要的现实意义。

第二节 研究现状与评述

一、研究现状

本书重点研究两个方面的内容：一是新常态背景下，产业结构变迁与经济增长之间的关系；二是在此基础之上，研究国际贸易对中国产业结构变迁的影响。因此，下面我们从这两个方面来综述研究现状，并给出评述。

(一) 产业结构变迁与经济增长

回顾世界经济发展的历史,我们可以看到,一个和"Kaldor 事实"①同样显著的经济现象是,伴随着经济增长,工业和服务业的产值在国民经济中的比重逐渐上升,农业的比重逐渐下降。同时,就业方面出现劳动力从农业流向工业和服务业的现象,我们称这一现象为结构转型,Clark(1940)、Kuznets(1957)、Chenery(1960)对此现象都有研究。早期研究这种现象的文献大体分为两大类:一类主要集中关注"Kaldor 事实",模型一般只包括一个经济部门,最终能产生平衡增长路径,但是却忽略了增长过程中三次产业之间的生产要素再分配,以及产值、消费变迁的产业结构变迁的事实(这种事实也称为"Kuznets 现象");相比之下,另一类文献主要关注"Kuznets 现象"而忽略"Kaldor 事实",例如,Clark(1940)、Kuznets(1957)、Chenery(1960)、Baumol(1967)、Pasinetti(1991)、Park(1995)、Echevarria(1997)、Laitner(2000)。一些学者依据这两类文献来探索这样的问题:有没有一种增长模型既能容纳"Kaldor 事实",又能解释美国相同发展期间的劳动力在各部门之间的再分配?看上去,这似乎是不可能的,因为平衡增长路径的特征之一便是,随着时间的改变,各个产业部门的资本份额和劳动份额都是保持恒定不变的,而这种经济平衡增长的特征和产业结构变迁的特征却看似互相矛盾。那么到底能否找到合适的模型使得两个事实相容?很多学者致力于此,以 Kongsamut 等(2001)为代表,他们在所著的文章中开创性地使用了"广义平衡增长路径"(generalized balanced growth path, GBGP)的概念,实现了"Kaldor 事实"和"Kuznets 现象"的融合,既保留了平衡增长路径的主要特征,又能容纳产业结构变迁的动态路径。该文章堪称是将经济增长和结构转型融合在一个模型中的经典代表,以后这方面的研究纷至沓来。在这以后的研究中,如果从产业结构转型发生的机制来看,可以分为两大类——收入效应和相对价格效应。第一类文献认为"收入效应"引起了产业结构变迁,这类文献主要从需求层面着手,通过设置非一致性偏好(non-homothetic preference)的效用函数,来证明当收入增加时,消费者会减少总消费中农产品的消费份额而增加服务品的消费份额;第二类文献使用"相对价格效应"作为产业结构变迁的发生机制,这类文献主要从供给层面着手,通过设置不同产业具有不同的替代弹性和技术进步增长率,从而引起产业结构变迁。下面分别对这两大类文献进行综述。

1. 强调收入效应引起产业结构变迁的文献

Kongsamut 等(2001)开创性地使用了"广义平衡增长路径"的概念。在广义

---

① "Kaldor 事实"指的是在经济平衡增长路径上具有以下四个特征:人均产出、资本产出比率、资本的实际回报率、国民收入中劳动份额和资本份额大体保持常数的特征。

平衡增长路径上，实现了 Kaldor 事实和 Kunzets 事实的融合，既保留了平衡增长路径的主要特征，又能容纳产业结构变迁的动态路径。但文章也存在一些不足之处，主要体现在：第一，文章只是关注劳动力在农业部门和服务业部门之间的再分配，然而，由劳动力的再分配为主要表现之一的经济结构变迁不但发生在农业部门和服务业部门，同样也出现在制造业部门和服务业部门，而这一点在文章中是没有涉及的；第二，文章假定在广义平衡增长路径上，各部门的技术进步是相同的，这样的假定所产生的直接结果便是各部门具有相同的价格，那么模型所解释的反映结构的变量的名义值和实际值是相吻合的，这意味着模型并不能解释实际份额和名义份额之间的不同；第三，文章的结论暗含了在足够穷的国家，家庭对服务业产品的消费为零，服务业部门的就业份额也为零，而这与事实是不相符的。Echevarria(1997)使用的也是收入效应，在增长框架中给出了结构转型的数量分析。Foellmi 和 Zweimuller(2008)在他们的结构转型文章中，也强调了收入效应。文章设定的模型借鉴引用了 Romer(1990)、Grossman 和 Helpman(1992)的标准内生增长框架，成功阐明了创新、结构变迁和经济增长之间的相互决定关系。一方面，由于创新动机主要由新产业的增长率决定，所以总的经济增长率取决于结构变迁的速度；另一方面，结构变迁的速度又由总的经济增长率所决定。Dennis 和 Iscan(2009)全面考察了美国近两个世纪以来结构变迁的主要驱动力，并且利用反事实实验得到两个时间段内不同的效应在结构变迁中的作用。Boppart(2011)同样强调了收入效应所带来的结构转型。他采用了更加一般的消费者的效用函数形式，模型同时容纳了经济结构转型和经济平衡增长两个事实。

2. 强调相对价格效应引起产业结构变迁的文献

Baumol(1967)开创性地将经济增长和结构变迁联系起来，他的主要思想是：产业结构变迁是由产业间不同的替代弹性和技术进步增长率引起的。如果部门生产的不同产品之间是可替代的，且工业部门的技术进步增长率小于服务业部门的技术进步增长率，资本及劳动力等就会从工业部门流向服务业部门。Ngai 和 Pissarides(2007)肯定了 Baumol 关于结构变迁的猜想，但是认为 Baumol 关于经济增长率呈现下降趋势的结论过于悲观。他们认为虽然在结构变迁的过程中会伴随成本上涨和资源往低增长部门的流动，但是总的经济增长率会取决于进步部门的增长率。他们不但从理论上建立模型得到技术进步对结构变迁和经济增长的决定作用的相关研究结论，还用美国的历史数据做出相应的实际分析。Caselli 和 Coleman(2001)从劳动力供给的角度来考虑，认为熟练工(skilled workers)和非熟练工(unskilled workers)是生产中的两个重要的投入要素，而非农业部门熟练工是比农业部门熟练工更加密集的部门，20 世纪教育成本的降低增加了熟练工的供给，使得劳动力大量从农业部门流向非农业部门，这便降低了非农产品的价格，促进了结构的变迁。Acemoglu 和 Guerrieri(2008)考虑相对价格效应的另一个来源——资本-劳动比的不同,认为是资本深化导致了产业结构变迁。他们发现,各部门间要素密集度的差异决定了产业结构变迁,整个经济的资本-劳动比是产业结构变迁的核心变量。当整个社会处于资本深化①的状态时,就会发生劳动力和资源从农业向工业和服务业的流动。徐朝阳(2010)在 Acemoglu 和 Guerrieri (2008)的两部门模型的基础上,构建了一个三部门模型,模型为了解释不同替代弹性下各部门之间的要素流动,使用了双层 CES 生产函数,得到结论:工业和服务业部门之间的产品是可替代的,工业部门的消费份额、增加值份额和就业份额遵循先上升后下降的倒"U"形变化特征,并使用美国 1927—2007 年间的经济数据校准了主要参数,不但成功解释了美国自 1927 年以来的结构变迁路径,而且解释了去工业化的问题。关于使用相对价格效应的文献还有 Rogerson(2008)、Duarte 和 Restuccia(2010)、陈体标(2007,2008)、陈晓光和龚六堂(2005)。总体来看,从产生相对价格效应的来源看,又可以将上述文献分为两种:第一种强调技术进步率的不同会导致部门间相对价格的不同,从而引起产业结构变迁;第二种强调资本-劳动比的不同会导致部门间相对价格的不同,从而引起产业结构变迁。Caselli 和 Coleman(2001)、Ngai 和 Pissarides(2007)属于第一种。属于第一种文献的还有陈晓光和龚六堂(2005)、陈体标(2007,2008)、Rogerson(2008)、Duarte 和 Restuccia (2010)等。Acemoglu 和 Guerrieri(2008)、徐朝阳(2010)的文献属于第二种。

(二)产业结构变迁与国际贸易

以李嘉图为代表的古典自由贸易理论最早阐述国际贸易会对产业结构产生影响。他在比较优势理论中,明确指出国际贸易主要通过国家之间的比较利益机制实现对产业结构的影响。但该理论并没有系统研究国际分工对产业结构产生的影响具体是怎样的。关于这方面比较系统的研究始于 20 世纪 50 年代,代表人物主要有普雷维什、辛格、缪尔达尔等,他们把第二次世界大战后发展中国家与发达国家之间经济差距的扩大归因于旧式的国际分工。

Chenery(1989)考察了各国产业结构的演进历史,得出主要是需求因素带来各国的产业结构变迁的结论。然而,各国在产业结构演变中又是存在差异的,产生差异的主要原因便是各国建立在比较优势基础之上的发展战略及在这种发展战略指导下的国际贸易模式。

Kaldor(1981)及 Thirlwall(1979)指出各个国家通过不同的收入水平和对外贸易模式进而影响国际分工模式,国际分工模式又会进而引起需求扩张,在需求扩张的刺激下,生产率会得到提高,生产率提高又会接着来促进经济增长。因此,

① 长期来看,如果人口的增长速度慢于资本的增长速度,便会导致资本-劳动比的不断上升,我们称之为资本深化。

一种具有较高贸易收入弹性的国际分工模式更有利于促进经济增长，进而促进产业结构升级。

但另有一些学者认为国际贸易能否带来长期经济增长是不确定的，专业化分工也不一定带来更高的经济增长率。Matsuyama(1992)就指出，国际分工是不断变化的，主要受一国发展水平的制约，发展水平内生决定了该国的比较优势，特别是，国际分工可能会使一些国家长期致力于该国增长潜力低的部门，从而陷入比较优势的陷阱。Amable(2000)有类似的结论，他认为如果国际分工只长期从事低技术知识水平的生产，而不进行知识技术密集型产业的生产，只是靠国外进口这种产品，那么国际贸易对该国经济的发展是不利的。

Ozawa(1991)在研究日本的对外贸易、海外投资和经济增长的相互关系时，使用螺旋式发展模型成功解释了对外贸易影响日本产业升级的方式和程度，进而为产业升级指明了方向。这种螺旋式发展模型将产业升级路径划分为四个阶段：封闭阶段、进口依赖阶段、综合生产阶段、专业化生产阶段。在封闭阶段，该国的产业处于最低级生产阶段，还未参与国际分工；在进口依赖阶段，该国处于国际分工的最初阶段，生产技术缺乏，需要进口中间产品，并从国外引进技术；在综合生产阶段，该国具有足够生产能力来满足国内的需要，且开始向外出口；在专业化生产阶段，该国的产业高度发达，能够进行差异性产品的专业化生产，且能在全球进行生产布局。后来许多学者使用这种螺旋式发展模型来研究国际贸易对产业升级的促进作用。

Grossman 和 Helpman(1990)从国际贸易理论的角度认为，产业是国际贸易的基础，一个国家在产业结构上的高级化发展是该国产品在国际上具备竞争力的力量来源。

Matsuyama(1992)在内生增长框架中利用两部门模型考虑农业生产率对经济发展造成的影响，同时比较了在开放经济和封闭经济中农业生产率对经济发展影响的不同，认为一国的工业化发展战略在开放经济与封闭经济两种条件下应该是不同的。Matsuyama(2009)在开放框架中分析了对外贸易对制造业就业份额的影响。文中引入三种消费品：用来计算价格的标准产品、制造业产品、服务业产品，并假定用来计算价格的标准产品是自然赋予的，而制造业产品和服务业产品需要使用技术生产，生产函数是线性函数。假定农产品和制造业产品可以和世界上其他国家进行无成本贸易，但服务业产品不可以进行跨国贸易。于是得到了结论：在一定情况下，对于制造业部门有着较大技术进步的国家，其制造业部门的就业份额会呈现倒“U”形的变化。

Feenstra 和 Hanson(2005)认为国际贸易会同时影响本国和他国的产业结构变迁。如果本国是一个发达国家，那么该国通过对生产过程进行国际分解，将制造业涉及的加工组装环节转移到发展中国家，从而发展中国家的制造业从业人数便会增加，而本国大量的劳动力从制造业解放出来后开始专注于本国产业链上技术含量比较高的环节，例如研发、销售、信息、金融等这些知识技术密集型的服务业，使本国的产业结构得以实现高级化。

周辰亮和丁剑平(2007)的文章在开放经济框架下建立了三部门的一般均衡模型，认为一国的劳动力流向服务业的条件是，本国农业全要素生产率大于制造业全要素生产率，制造业全要素生产率大于服务业全要素生产率；而对于他国来说，则要求农业全要素生产率大于制造业全要素生产率。该文还模拟了美国的经济发展历史，实证分析说明了要实现结构转型，主要是提高农业和制造业的全要素生产率。但是该文并没有对制造业就业份额的倒"U"形演变给出理论分析。

张燕和陈漓高(2007)利用投入产出模型分析了进出口对各个产业部门的影响及带动作用，并在此基础上进一步分析了对外贸易对中国产业升级的影响程度及方式，最终指出了对外贸易是实现产业升级的路径之一。

姜茜和李荣林(2010)通过对我国制造业各部门的国际贸易和产业结构相关性的分析，认为中国国际贸易结构与制造业结构相关性很高，但是，由于部门间的国际贸易结构和产业结构存在交叉影响效应，而这种效应在资源密集型部门表现得更加明显，从而削弱了资源密集型行业中国际贸易结构与制造业结构的相关性。

Yi 和 Zhang(2010)的文章使用包含三个部门的两国模型，丰富了 Matsuyama(2009)的结论。该模型主要区别于 Matsuyama(2009)的地方在于，由于比较优势的存在，部门之间和部门内部会产生内生的贸易，如果所有的生产活动只使用劳动力，那么各部门的就业份额是与各部门的消费份额及总 GDP 的净出口份额高度相关的。该文还认为 Matsuyama(2009)关于农业产品和工业产品可以进行无成本的对外贸易的假设并不合理，因为在这种假设下，每个国家便专门从事该国具有比较优势产业的生产，最终导致一国只进行农业产品的生产，另一国只进行工业产品的生产，而这与事实是相矛盾的。为此，该文借鉴了 Eaton 和 Kortum(2002)的处理方法，假设每个部门的产品都是一列连续产品的加总。该文还做出实证分析，最终得到结论：在进行贸易的两国中，拥有较高工业部门生产率增长的一国在工业部门的就业份额和附加值份额呈现倒"U"形的变化趋势，而另一国工业部门的就业份额和附加值份额则呈现下降趋势。

Matsuyama(2009)、Yi 和 Zhang(2010)的模型都说明了如果两个国家在进行贸易的部门具有不同的生产率，那么这两个国家在该部门的劳动力份额肯定是不同的。大量经验方面的数据也说明了这个问题。例如，日本、德国以及欧洲的许多国家具有较高的工业部门就业份额。Betts 等(2011)、Sposi(2012)、Teignier(2012)对韩国的对外贸易作用进行了研究，发现对外贸易在韩国迅速发展的制造业中扮演着十分重要的角色。Teignier(2012)还发现，如果不引进农业保护政策，韩国的对外贸易将会发挥更大的作用。

Timothy、Yi 和 Zhang(2013)的文章研究了对外贸易在韩国 1971—2005 年间的主要作用。该文主要利用李嘉图的比较优势理论，引入贸易成本冲击和生产率这些随机因素的影响来分析造成韩国三大产业部门就业份额及产值份额演变的推动力。该文使用三部门的经济增长模型，假设在生产过程中三个部门的生产率都是随时间变化的，贸易成本冲击是一个随机变化的过程。利用模型求解的结果，分析了贸易成本冲击和生产率冲击通过非一致性偏好和国际贸易这两个机制传导，这两个机制也很好地解释了农业部门和服务业部门劳动力份额的演变，同时解释了制造业部门劳动力份额倒"U"形变化过程中的上升部分。该文使用韩国 1971—2005 年间的数据校准参数，然后利用反事实实验得到结论如下：第一，国际贸易在韩国这段期间的产业结构变迁中起到了非常重要的作用；第二，贸易成本冲击在农业和制造业就业份额与产值份额的演变中起到了重要的作用，而生产率冲击对三个部门结构的演变都起到了重要的作用；第三，非一致性偏好在三个部门结构的演变中起到了非常重要的作用；第四，这篇文章所建立的模型只能解释制造业部门的劳动力份额及产值份额倒"U"形变化过程中的上升部分，却不能对其下降部分做出有效解释，这也是该文的不足之处。

还有一类关于国际贸易和产业结构变迁的文献，把国际间的产业结构变迁称为"雁行模式"，它是日本经济学家 Kaname 和 Akamatsu 于 20 世纪 30 年代提出的。"雁行模式"的核心是动态产业转移理论，主要说明发展中国家通过参与国际分工来实现产业结构的高度化。Akamatsu 基于"雁行模式"的分析，认为在两国进行对外贸易时，由于较落后的国家会引进较发达国家的先进技术而使得本国具有较高的生产能力，再加上本国在资源和劳动力方面价格比较低廉的优势，会产生这种产品净出口的贸易行为，从而促进该国自觉的发展，且产业结构得以实现高级化。蔡昉等(2009)的文章拓展了"雁行模式"对贸易现象的解释和预测范围，该文对 20 世纪以来中国东部、中部及沿海地区产业结构发展的事实进行分析，认为沿海地区通过产业升级，将低端产业转移给中西部地区，同时中西部地区保持劳动力资源丰富的比较优势，这便使得中国能继续保持劳动密集型产业的比较优势，从而实现中国各地区产业结构的升级及地区间产业结构的布局更加合理。

二、研究现状评述

(一) 经济增长与产业结构变迁方面

总结已有文献，关于经济增长和产业结构变迁的文章，不管是使用收入效应机制，还是使用相对价格效应机制，最终都将经济增长的总体特征和各产业部门之间变化的特征较好地融合在了一个研究框架之中。但是，我们注意到一个事实，这些文献大都是针对以往工业社会所做出的研究，于是在设置资本动态积累的时候都是假设投资只发生在工业部门，而在中国经济新常态背景下，由于软件产业等一些知识密集型产业的飞速发展，所以投资的很大一部分份额发生在服务业部门。基于此考虑，我们设置中国经济新常态背景下的经济增长和产业结构变迁模型时，将投资部门独立出来，作为一类单独的部门，主要生产资本品；另外一类是消费部门，主要生产消费品，包括农业产品、工业产品和服务业产品；以此来研究中国新常态背景下的经济增长和产业结构变迁的关系及特征。

（二）国际贸易与产业结构变迁方面

第一，关于国际贸易影响产业结构变迁的文献，有只进行理论模型说明的，如Matsuyama(1992,2009)，还有很多结合相关数据进行实证说明的。这主要经历了从总量到结构的过程，研究角度不断细化，关于国际贸易影响产业结构的机理也逐渐被加深认识，研究的逻辑及方法都为后续的探索提供了更加翔实的参考资料，但还没有关于国际贸易对中国工业就业影响的分析。本书拟采取理论分析结合实证分析来说明国际贸易对中国工业就业的影响。第二，中国在保持多年高速增长的同时，服务业的发展却是滞后的。这背后的原因大多文献都归结为“成本病”问题、低消费率问题、低城市化率问题、计划经济时代遗留的历史问题，以及核算与统计出现的问题，但是这些解释似乎并不能完全让人满意，因为这都是从国内的角度来阐明中国产业结构滞后的原因的。然而，在当今这样一个开放的世界，任何一个国家都不免受到世界经济形势的影响，特别是对于中国这样一个贸易大国，于是，本书尝试从国际分工的视角考虑中国产业结构滞后的原因。第三，关于可贸易性服务业发展及其对外贸易发展的变化趋势，包括行业发展与贸易发展之间的相互作用，较少有文献分析。本书在对近些年数据总结分析的基础之上，得到可贸易性服务业发展与其贸易发展的相关关系，为服务业优化升级提出建议。

第三节　研究方法与创新之处

一、研究方法

(1) 文献研究法。研读国内外前沿文献，为本书理论模型的建立、研究方法的使用及关键变量的选取提供参考。

(2) 动态优化法。采用动态优化的方法，求解动态最优化问题，得到新常态背景下产业结构变迁与经济增长的关系，并使用 Matlab 软件进行数值模拟印证我们的模拟结论。

(3) 计量分析法。建立面板数据模型,检验国际贸易对工业就业份额的影响是倒"U"形的结论,然后使用 Eviews 软件进行分析;当分析国际分工影响中国产业结构变迁的问题时,建立联立方程组模型,使用 Stata 软件进行实证分析。

(4) 比较分析法。本书运用横向比较分析的方法,在产业结构变迁与国际贸易关系方面,与美国、日本、韩国进行比较分析。

(5) 数理模型和实证分析相结合的方法。本书在分析国际贸易对工业就业的影响时,先建立数理模型进行理论上的分析,然后建立中国 12 个城市的面板模型,使用 Eviews 软件进行实证分析。

二、创新之处

本书根据中国新常态背景下出现的产业特征,将经济增长的三部门模型扩展为四部门模型,探讨产业结构变迁、经济增长、国际贸易在中国经济新常态背景下经济转型期的相互影响及中国服务业内部结构的优化问题,并使用中国近年来的宏观数据进行实证分析。本书的创新点主要体现在以下几个方面。

(1) 现有关于产业结构和经济增长的文献大都是针对以往工业社会所做出的研究,在设置资本动态积累的时候都假设投资只发生在工业部门。在中国经济新常态背景下,由于软件产业等一些知识密集型产业的飞速发展,投资的很大一部分份额发生在服务业部门,基于这个考虑,我们设置中国经济新常态背景下的经济增长和产业结构变迁模型,将投资部门独立出来,建立四部门的动态经济增长模型,使用动态最优化的方法,分两种机制来从理论上考察研究中国新常态背景下的经济增长和产业结构变迁的关系及特征,这是本书在理论上的创新。

(2) 建立贸易中的两国在开放框架下的静态优化模型,从理论上分析在国际贸易的情况下,工业部门的就业份额出现倒"U"形变化的发生机制,并使用中国 12 个城市的面板数据进行实证分析,得到拐点的数值。这是本书在研究方法上的创新。

(3) 中国目前产业结构演进缓慢,且服务业的发展远远滞后于世界上同等发展水平的国家,以往的文献总是将问题归结为中国的低消费率、低城市化率或服务业的对外开放不足上,也有一些文献认为是行业垄断等体制和政策的问题。本书基于"制造-服务"国际分工的视角,研究中国现阶段产业结构发展滞后于经济发展的原因,并使用中国宏观经济数据进行实证分析。这是本书在研究视角上的创新。

(4) 将 13 种可贸易性服务业归并为 7 类,对服务业国际贸易的发展与服务业结构的变化进行分析,并对中国可贸易性服务业的逆差现状进行分析,最终为提升服务业对外贸易的竞争力和服务业内部结构的优化升级提供一定的线索。这也属于本书研究视角上的创新。

第四节　技术路线与逻辑框架

一、技术路线

本书总体思路沿着“文献研究—理论模型—实证检验—总结及政策建议”进行。首先，给出中国与美国、日本、韩国的产业结构变迁历程与国际贸易经验，进行横向比较分析。其次，构建封闭框架下的四部门动态优化模型，考察经济发展新阶段产业结构变迁的新特征。接着，将研究扩展到开放框架下，建立开放框架中的静态优化模型，分析存在国际贸易时工业部门就业份额的变迁特征，并使用面板数据进行实证分析。然后，在“制造-服务”国际分工的视角下，进一步研究国际贸易对中国产业结构变迁的影响，并建立联立方程组模型进行实证分析。最后，针对中国可贸易性服务业国际贸易的发展与服务业结构的变化进行分析，为提升服务业对外贸易的竞争力和服务业内部结构的优化升级提出政策建议。在本书的最后，总结概括，提出政策建议，并指出进一步的研究前景。

本书研究的技术路线如图 1-1 所示。

二、逻辑框架

本书除了概述与第八章的总结与展望外，正文主要分为以下几个部分。

第二章　产业结构变迁与国际贸易的理论基础。在这一章中，首先对三次产业进行分类，介绍产业结构变迁的基本概念及三次产业结构变迁的规律，并对引起产业结构变迁的各种原因进行分析；接着介绍国际贸易的理论基础；然后介绍国际贸易影响产业结构变迁的理论及其传导机制，包括国际贸易影响三次产业产值结构和就业结构的传导机制和理论基础。这一章是后面关于产业结构变迁和国际贸易分析的基础，为随后的研究和分析做好理论铺垫。

第三章　国际贸易影响产业结构变迁的国际经验分析。在这一章中，首先梳理中国产业结构变迁的历史，并对中国的工业化进程做出判断，同时总结中国产业结构变迁的驱动力；然后分析美国、日本、韩国的产业结构变迁历史及其与国际贸易之间的相互影响，并与中国做出横向对比。

第四章　新常态背景下中国的产业结构变迁与经济增长分析。在这一章中，我们建立中国经济新常态背景下产业结构变迁和经济增长的四部门模型，使用“收入效应”和“价格效应”分析得到如下主要结论：①农业部门的产值份额、消费份额、就业份额逐渐下降，服务业部门的产值份额、消费份额、就业份额逐渐上升，

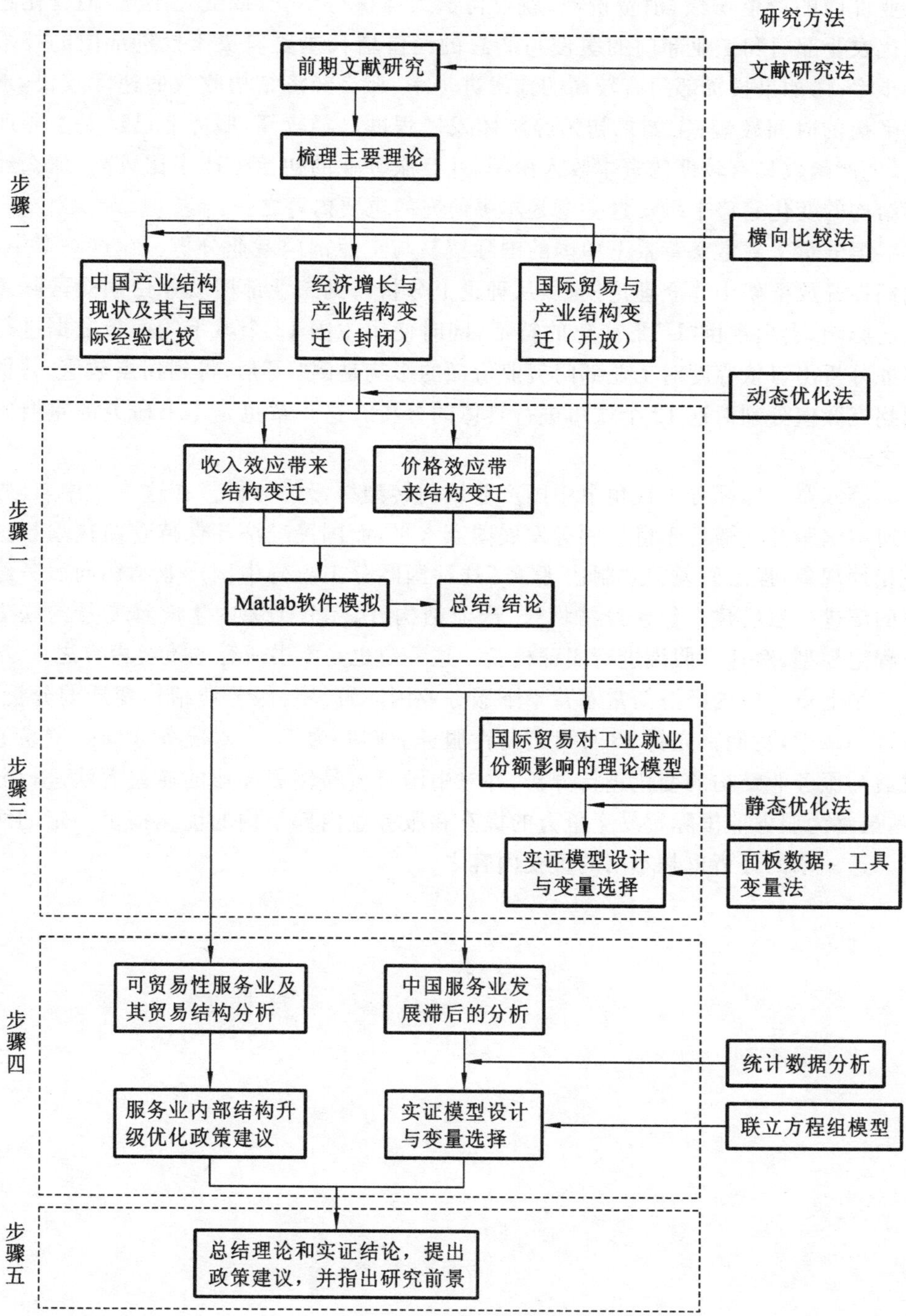
研究方法
前期文献研究
文献研究法
梳理主要理论
步骤一
横向比较法
中国产业结构现状及其与国际经验比较
经济增长与产业结构变迁（封闭）
国际贸易与产业结构变迁（开放）
动态优化法
收入效应带来结构变迁
价格效应带来结构变迁
步骤二
Matlab软件模拟
总结，结论
步骤三
国际贸易对工业就业份额影响的理论模型
静态优化法
实证模型设计与变量选择
面板数据，工具变量法
步骤四
可贸易性服务业及其贸易结构分析
中国服务业发展滞后的分析
统计数据分析
服务业内部结构升级优化政策建议
实证模型设计与变量选择
联立方程组模型
步骤五
总结理论和实证结论，提出政策建议，并指出研究前景

图 1-1 技术路线图

工业部门的产值份额、消费份额、就业份额大体保持不变(或变化不定,但变化速度比农业部门和工业部门的缓慢);②总的经济增长主要取决于投资部门的技术进步率;③如果投资部门有较高的技术进步率,那么经济结构收敛的速度较快,走向平衡的时间较短;④如果初始经济体发展程度已经较高,服务业已经是主导产业,生产函数具有较低的资本收入份额,并且服务业的初始生产率比较高,那么经济结构的变化趋势平缓。这一章是本书研究的重要内容之一。

第五章 新常态背景下中国的国际贸易与工业部门就业分析。在这一章中,我们在开放框架中建立理论模型,从理论上分析得到工业部门就业份额受国际贸易的影响,会出现倒"U"形变化的特征,同时使用中国12个城市的面板数据进行实证分析出口依存度对工业部门就业份额的影响是倒"U"形,得到拐点数值,并根据拐点数值分别对这12个城市进行具体的分析。这一章也是本书研究的重要内容之一。

第六章 国际分工视角下中国产业结构转型缓慢的分析。在这一章中,首先针对中国服务业滞后于世界同等发展国家水平,而国民经济却保持着高速增长这一相悖现象,提出假说:是"制造-服务"这种国际分工阻碍中国产业结构向服务经济的演进。然后建立包含经济增长、产业结构、国际分工为内生解释变量的联立方程组模型,对这一假说进行实证检验。这一章也是本书研究的重要内容之一。

第七章 中国经济新常态背景下服务业国际贸易与服务业结构变迁的分析。在这一章中,我们首先将13种可贸易性服务业归并为7类,对服务业国际贸易的发展与服务业结构的变化进行分析,并对中国可贸易性服务业的逆差现状进行分析,最终为服务业国际贸易竞争力的提升和服务业内部结构的优化提供一定的线索。这一章的分析也是本书的重要内容之一。

第二章　产业结构变迁与国际贸易的理论基础

本章首先从产业的分类方法、产业结构变迁的相关概念、变迁规律、变迁内因及变迁外因等方面梳理产业结构变迁的相关理论；接着主要从国际贸易影响产业结构变迁的传导机制等方面给出国际贸易影响产业结构变迁的理论基础；然后概述国际分工的演化，并总结有关国际分工与中国产业结构变迁的研究成果。

第一节　产业结构相关理论概述

一、产业分类法与产业结构变迁

（一）三次产业的分类方法

最早对产业进行分类的应该是美国经济学家 Black①，他把工业分为三组：第一组，开掘工业，包括采矿、伐木、捕鱼、猎兽及水力利用；第二组，生产工业，包括农业、造林及养鱼；第三组，制造与机械工业，包括建筑及手工业。后来，Fisher②将经济发展分为下列三个阶段：初级生产阶段、次级生产阶段和第三级阶段③。Clark(1940)将工业也分为三类：第一类，初级工业，包括农业、造林及养鱼；第二类，次级工业，包括制造、采矿及建筑；第三类，第三级工业，包括商务服务业、运输、劳务及其他经济活动。Fisher 的初级生产，显然包括了 Clark 分类中的初级工业和次级工业。在 Clark 之后，Kuznets④ 将国民经济活动划分为农业产业（A 部

---

① John D. Black, Introduction to Production Economics, New York, 1926, 66-86，转引自张培刚：《农业与工业化》中文本，华中工学院出版社，1984 年版，第 3 页。

② Allan G. B. Fisher, The Clash of Progress and Security, London, 1935, 25-32，转引自张培刚：《农业与工业化》中文本，华中工学院出版社，1984 年版，第 249 页。

③ 也分别称为农业与畜牧阶段、工业或制造阶段、贸易与运输阶段。

④ 西蒙·库兹涅茨：《各国的经济增长：总产值与生产结构》，1971 年英文版；中译本，商务印书馆，1985 年版。

门)、工业产业(I部门)和服务产业(S部门),其中,A部门包括农业、林业、狩猎和渔业;I部门包括矿业及采掘业、制造业、建筑业、电力、煤气、水、运输和通信;S部门包括金融、银行、保险、房地产、住房的所有权、政府及国防、其他服务。现在国际上通用的产业分类就是三分法。中国从20世纪80年代中期也开始采用三次产业划分法。本书对国民经济三次产业的划分使用《国民经济行业分类》(GB/T4754—2002)[①]的规定进行。

(二)产业结构变迁的相关概念

对产业结构变迁的研究可以分为变迁模式的研究和变迁动力的研究两大方面。关于变迁模式的研究是产业结构变迁理论的主要内容,已经具有相对完整的理论体系,主要包括对三次产业间结构变迁的研究,其中有经典的"经济结构转型"研究(Clark,1940;Kuznets,1971;Chenery,1986;Kongsmaut,2001;Ngai,2007),也有同一产业内部不同行业之间变迁的研究。

1. 产业结构变迁

我们认为产业结构变迁主要是随着社会经济的发展,产业结构向合理化和高级化的方向发展而形成的。

产业结构合理化指的是对处在特定发展阶段的经济体,有关产业结构的一些初始变量在产业间实现更加有效的利用和合理的配置,如果产业之间有着较高的聚合能量,那么产业结构便是比较合理的。对于一个国家来说,如果实现了对现有资源的合理有效利用,并且产业能够适应市场的需求,有协调的产业间比例,那么就认为该国具有比较合理的产业结构。

产业结构高级化指的是对于一个经济体来说,发展的重点和产业结构的重心由第一产业逐渐向第二产业再向第三产业转移的过程,具体表现在三次产业部门之间的国民收入比例变动、从业人员比例变动,它标志着一个经济体的发展水平和所处阶段。实际上,在产业结构高度化的过程中,出现的趋势现象表现为经济的服务化、产业结构的知识化和集约化,主要表现为主导产业的由低级向高级的有序更替。如果依据三次产业的增加值在国民经济的总增加值中的份额来衡量,产业结构高级化是这样的:首先是第一产业份额最高,接着变成第二、三产业较高;制造业重心先是以初级品为主的制造产业,然后是以中间品和最终品为主的制造产业;先是以劳动密集型产业为主导产业逐渐转变为以知识技术密集型产业

---

① 即第一产业包括农、林、牧、副、渔;第二产业包括采掘业、制造业、自来水、电力与煤气的生产以及建筑业;第三产业包括所有其他部门,而第三产业又分为两大部门:流通部门,包括交通、通信、商务服务业、饮食、物资供销和仓储业;服务部门,包括金融、保险、地质普查、房地产、公用事业、居民服务和各种生产性服务、公共服务、教育、文化、广播电视、科学技术研究、卫生、体育和社会福利事业服务等。

为主导产业。从产业结构高度化程度的角度衡量，产业结构高级化主要有：产业高技术化、产业高附加值化、产业高加工度化和产业高集约化。

2. 产业结构变迁与经济发展阶段的划分标准

从产业结构优化升级理论方面，许多经济学家都已经做出过深入的研究，诸如早期的一些经典的关于经济结构转型方面的理论，主要有 Petty(1935)、Clark(1940)、Kuznets(1957)、Chenery(1960)，这些主要是三次产业产值比重及就业比重的变迁规律，近期中国一些学者结合这些经典的研究，还从另外角度构建了衡量产业结构优化升级的指标，包括二次产业结构比例指标、Hoffman 比例指标、重化工业程度指标、工业加工度程度指标等九个指标。

在经济的发展过程中，三次产业的产值结构及就业结构的一般变化规律为：第一产业的份额逐渐下降，第二产业的份额经历一个先上升后下降的过程，第三产业的份额先稍稍下降，然后平稳，再不断上升。Chenery、Kuznets、Swiecki 等通过上百个国家的数据实证分析后，得到了经济发展阶段与产业结构变迁的判断依据，他们将经济发展分为前工业化、工业化实现和后工业化三个阶段，其中工业化实现阶段分为初期、中期和后期三个时期，我们将每个阶段所对应的发展指标列入表 2-1 中，称为“标准结构”。

表 2-1　不同发展阶段的指标值

判断指标	前工业化	工业化实现			后工业化
		初期	中期	后期	
人均 GDP	745～1490	1491～2980	2981～5960	5961～11170	11171 以上
三次产业产值比较	$A>I$	$A>20\%$，且 $A<I$	$A<20\%$，$I>S$	$A<10\%$，$I>S$	$A<10\%$，$I<S$
第一产业就业份额	60%以上	45%～60%	30%～45%	10%～30%	10%以下
人口城镇化率	30%以下	30%～50%	50%～60%	60%～75%	75%以上

注：A 代表第一产业，I 代表第二产业，S 代表第三产业，表中的人均 GDP 是按 2005 年美元的购买力平价计算的。

（三）产业结构变迁的机制分析

在一个国家发展的过程中，随着经济的增长，产业结构会随之发生变化。引起产业结构变迁的因素很多，主要包括资源、人口、技术进步、对外贸易及国家的经济政策。例如，资源直接关系到产业结构的变迁；人口既可以作为劳动力的供给者从供给方面影响产业结构变迁，又可以作为消费者从需求方面影响产业结构变迁；技术进步能够直接提高各产业的生产能力进而引起结构变迁，还可以通过提高人们的生活水平引起新的需求，从而间接影响产业结构变迁；对外贸易通过改善一国的资源结构及引进先进技术来改变本国居民的需求和供给结构，进而影响产业结构变迁；经济政策作为一个外生因素，通过间接调节需求和供给来影响产业结构变迁。这些因素主要可以归结为内因和外因两大类，其中需求结构和供给结构的变迁是影响产业结构变迁的内部因素，而对外贸易可以认为是外部因素。首先就需求结构来说，在经济发展初期，人们收入水平很低，便会将有限的收入用于消费生活的必需品上，随着经济发展和收入水平的提高，人们会消费更多的耐用品，这时工业和建筑业会得到快速发展，占据国民经济的主要位置，当经济发展进入到更发达的阶段时，人们会倾向于金融、文化、医疗、娱乐等方面的消费，这时服务业在一国经济中的比重将会急剧上升。其次就供给结构来说，供给主要通过劳动力、资本、技术等方面来影响各产业生产率的变化，进而影响各产业的发展状况并最终影响产业结构变迁。最后，就对外贸易这种外部因素，主要通过改善一国的要素禀赋、产业关联及技术等来影响一国的产业结构变迁。下面用一个简明的图 2-1 来从整体上梳理产业结构变迁的理论及动因。

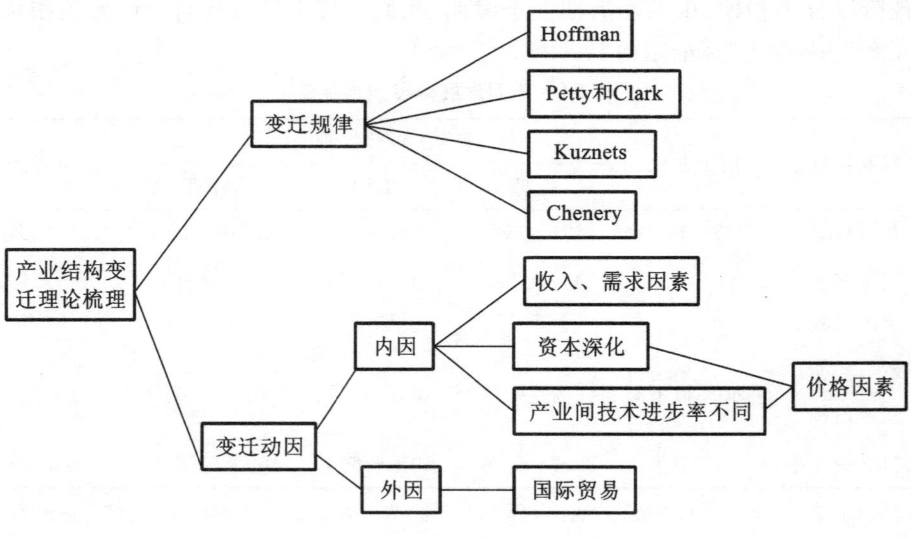

图 2-1　产业结构变迁理论梳理

1. 引起产业结构变迁的内在原因分析——需求、收入因素

产业结构变迁的主要原因之一便是社会需求结构的变化，可以从以下三个方面看出。

第一，投资结构的变化。不同的投资方向会带来不同的产业结构，主要表现在：随着社会的发展，会产生新的投资需求，进而带来新的产业；不同的产业投资力度会带来产业发展速度的不同，产业结构也会随之发生改变。

第二，投资和消费比例的变化。当投资比例比较高时，生产资本品的产业会得到更加迅速的发展；当消费比例较高时，居民消费需求会较高，那些生产消费品的产业将会得到更加迅速的发展，同时也会影响与生产消费品相关的资本品生产部门，这都会影响产业结构变迁。

第三，个人消费结构的变化。个人的消费结构，即是个人在衣、食、住、行、文化、旅游、娱乐等方面消费支出的比例，这个比例会直接影响生产消费品的产业，接着会影响与该消费品相关的资本品产业的生产活动，进而带来产业结构的变迁。

国内外许多学者对产业结构变迁的理论都进行了深入的探索。一般认为，产业的供给结构是由产业的需求结构所决定的，而产业的供给及产业的结构又决定了国民的收入，换句话说，在偏好理性和国民收入一定的情况下，一国的收入是在产业供需结构一致时由供给完全转化而来的。当供需结构处于均衡状态时，价格的决定来自供求关系，需求和收入一起决定了产业的需求结构和产业的演变方式。事实上，产业需求决定产业结构演变的形式，这一理论与“效用论”是相吻合的。人类的需求按人类的欲望分为三级：最基本的温饱需求；住房、穿着等一些奢侈品的需求；精神文化等更高级的需求。三次产业也可狭义地分为三级，三次产业对应地满足人类的三级需求：农业产品能够满足人类的吃、穿等最基本的生存所需；工业产品用来满足人类住、行等较高级别的需求；服务业产品用来满足人们对一些奢侈品及精神层面的需求。由效用最大化理论知道，即使国民收入相同，产业需求结构也并不一定相同。随着国民收入水平的提高，产业需求结构也会随之变化，收入水平越高，人类的需求欲望就会往高的层次发展，这便决定了产业结构需求的变迁会经历以下三个阶段：第一个阶段，农业占主导地位；第二个阶段，工业占主导地位；第三个阶段，服务业占主导地位。这一转移过程可认为是产业需求结构的升级，当供求结构均衡时，产业收入结构会与产业需求结构同步变动，那么，产业收入结构便反映了产业结构的均衡。

随着产业需求结构的变化，经济增长的路径也会发生变化。三次产业总量及增长率，可以表现为一个国家或地区的 GDP 及其增长率。从产业结构的角度看，经济增长率由产业结构及产业的增长率一起决定，那么当产业结构或某些产业的增长率发生变化时，经济增长率便随之发生变化。因此，经济增长受产业结构及其收入增长的影响，而经济的增长又会带来收入水平的提高，收入水平的提高又会带来需求的变动，进而引致产业结构变迁。

2. 引起产业结构变迁的内在原因分析——价格因素

在前人研究的结果中，还有很大一部分人认为是各产业间不同的价格导致了产业结构发生改变，在导致价格不同的来源因素中又分为两大类：一类是产业间技术进步率的不同；一类是资本劳动比的不同导致部门之间相对价格的不同。产业间的技术进步率导致价格不同的思想来源于 Bamoul 的“成本病”思想。1967

年，Bamoul 在其所著的《非均衡增长的宏观经济学：城市危机剖析》一文中提出了著名的"病态成本"模型。该文认为按照经济活动的类别，可以把生产部门分为两类：一类部门主要从事技术进步类型的活动，在这种类型的部门中，产出率的持续累计增长主要是由革新、资本积聚、规模和组织等带来的；另一类部门主要由非技术进步类型的经济活动组成。Bamoul 认为劳动在经济活动中作用的不同是经济活动产生差异的根源。对于技术进步部门的经济活动，劳动所起的作用是比较初级的。比如，在制造业中，人们不会关注在商品的生产过程中使用了多少劳动，只会关注最终产品的质量和价格，然而，对于非技术进步部门的经济活动，劳动本身便是最终产品。由于文章中的病态模型把社会中的经济活动分为了两类，这便产生了动态的效果。当社会中所有部门的工资都增加时，其中一个部门生产率的提高会影响到其他部门。对于技术进步部门，生产率的提高补偿了工资的增加；然而，对于非技术进步部门，由于生产率几乎不会有所提高，那么工资的增加只会带来成本的上涨，结果是，非技术进步部门的生产成本会相应地不断上涨。Bamoul 的这种模型所蕴含的理论可以解释"大城市危机"，他通过研究发现在大城市中，很多服务都来自于非技术进步部门，这主要是由于很少有其他的投入能代替城市所提供的产品。还可以利用 Bamoul 的这种模型理论来解释经济部门中商品与劳务分离的趋势及规律。这个理论由于在农业和制造业中的生产率不断增加，且农产品和制造业产品的需求收入弹性较低，因此当消费者收入上涨时，对农业和制造业部门产品的需求不会有太大变化，反而会由于生产率的增加而释放出更多的劳动力，使得农业和制造业劳动力下降，而技术进步慢的服务业部门劳动力上升。Bamoul 认为，在相对价格中，虽然服务业生产率上升缓慢，但对于服务业产品的需求却没有下降，原因是消费者真实收入的增加主要来自于技术进步部门生产率的提高。这样，服务业产品成本的上升及对其不会下降的需求，导致服务业产品价格的上升。Bamoul 的"病态成本"模型还认为，对于非技术进步部门持续生存下来的行业应该是收入弹性的或者是价格非弹性的，不然则会消失，生存下来的会吸收较多的劳动力来满足消费者对其产品的需求。随着更多的劳动力从技术进步部门转移到非技术进步部门，整个社会的经济增长率会逐渐下降。总结整个思想，产业结构变迁的发生是这样的：不同产业间替代弹性的不同和技术进步率的不同导致了产业结构变迁；当部门之间的产品不可替代，且制造业部门的技术进步大于服务业部门的技术进步时，劳动力及其他一切主要生产要素便会从制造业部门流向服务业部门。

资本深化指的是资本与劳动比上升，资本的深化反映了资本积累的速度大于劳动力积累的速度。Acemoglu 和 Guerrieri（2008）考虑了是各产业间资本-劳动比的不同导致了价格的不同进而引起了结构变迁。这种思想认为整个经济的资本-劳动比是产业结构变迁的核心变量。当整个社会处于资本深化的状态时，生产要素就会从农业流向工业和服务业，造成工业、服务业产值份额的上升和农业产值份额的不断下降，各产业部门就业份额的变化大致也是如此。当出现资本深化的现象时，会发生资本密集型部门增长速度大于劳动密集型部门增长速度的现象，那么属于资本密集型的制造业会比属于劳动密集型的服务业增长速度更快，从而生产出更多的制造业产品，造成制造业产品的相对过剩和服务业产品的相对不足，这将导致制造业产品价格的下降和服务业产品价格的上升，进而资本会从制造业部门向服务业部门转移，出现服务业部门的资本占社会总资本存量份额的增加，开始出现从制造业向服务业的转型。

3. 引起产业结构变迁的外在原因分析——国际贸易

国际贸易从外部对一国的产业结构变迁产生重要的影响，影响机制主要是通过国际分工来实现的。国际贸易通过国际分工的方式对国内要素的供给和需求产生影响。国际分工通过国内外要素的供给和国内外对不同产品的需求来影响本国产品的生产，实质上是影响国内外要素配置的效率。国际贸易通过直接效应和间接效应两个方面来引起产业结构变迁。直接效应是指国际贸易可以通过影响一国的外部需求并且产生规模经济来促使一国具有比较优势的部门发展，进而引起产业结构变迁。间接效应是指国际贸易所带来的收入效应、关联效应、挤出效应和替代效应。第一是收入效应。收入效应是指国际分工通过国际贸易会带来一国的经济增长和居民收入水平的提高，根据 Fisher(1995)、Clark(1940)、Fuchs(1968)，随着居民收入的增加和生活水平的提高，由于居民对农业消费品需求的收入弹性最小、工业消费品次之、服务业消费品最大，所以当居民收入水平增加时，对服务业消费品需求的增加是最快的，从而引起一国经济向服务型经济转型。第二是关联效应。关联效应指的是国际分工可以促使一国的比较优势产业得到迅速发展，而这些比较优势产业又通过前后向关联效应来带动其他产业的发展，最终达到产业结构升级。Francois(2010)、Rowthom 和 Ramaswamy(1999)、Koldt(2000)分析了一国在实现出口导向型贸易政策时，出口导向型的制造业在经济飞速发展时会产生中间需求，从而带动生产性服务业的发展。第三是挤出效应。斯托尔帕-萨缪尔森定理指出，国际贸易会提高那些拥有该国比较富裕资源的企业的实际收入，而降低拥有该国稀缺资源的企业的实际收入，如果该国实现了充分就业，国际贸易便可以极大限度地促使本国优势产业的发展，而要素收入的差距必将带来产业之间的要素流动，使优势产业挤占劣势产业的资源，由于服务业是一种可贸易性较弱的产业，那么在发展过程中必将会受到挤出作用。

国际贸易对产业结构的影响实际表现在：第一，进出口贸易。进出口贸易使得本国的比较优势得到充分发挥，一国出口该国具有比较优势的商品、劳务，从而促进国内相关产业的发展，同时，进口得到本国紧缺的资源、劳务可以弥补国内生产的不足，而对一些新产品的进口有助于开拓国内相关产业的市场，进而引起产业结构的变动。第二,国际技术转移。各种先进的方式可使得生产技术在世界各国转让和流动,自动流水线和成套设备的引进,使得一国的相关产业能够快速成长,还能够促进该国幼稚产业的成长,促使产业结构的变迁。

4. 总结

总的来说,在产业结构变迁的原因中,最主要的是最根本的需求结构、供给结构和比较优势的变化。从需求的角度来观察,消费沿着衣、食、住、行基本需求向高级的物质消费进一步向非物质消费的方向逐渐高级化;从供给的角度来说,一个国家沿着土地、劳动力、资本、知识技术这个次序逐渐向高级的方向供给;而比较优势便是从供给体现出来的,不但对本国内部的消费者供给,而且对国外的消费者供给,这些都能从国际贸易中进一步体现出来。消费和供给这两个方面对经济的驱动使一个国家的主导产业沿着农业、轻工业、能源、高度加工业、服务业这个次序逐渐升级变迁。

二、产业内部间结构变迁

(一) 工业内部的结构变迁

这里,我们从工业内部的结构变化反映产业结构的变迁。张培刚先生在其《农业与工业化》一书中曾说,如果我们从社会的整个生产结构来观察,那么工业化的主要特征便是资本品生产的增加相对消费品生产的减少,在工业化的过程中,必然伴随的是工业部门结构的明显变化,这也可以从早期工业化的英国、美国的历史资料得到证明,如英国消费品与资本品生产的比率 1812 年为 6.5∶1,1924 年降到 1.5∶1;美国的 1850 年是 2.4∶1,1925 年降到 0.8∶1。

德国经济学家 Hoffman 研究了工业化的演变规律,他使用了 20 个国家的时间序列数据,分析了资本品生产对消费品生产的关系,将工业化过程划分为四个阶段——后来被称为“Hoffman 工业化经验法则”,并通过各个工业化国家统计数据总结得到各个阶段的主导产业及“Hoffman 比率”①,分别如下。

阶段一:生产消费品的工业占主导,Hoffman 比率为 5(±1)∶1;

阶段二:生产资本品的工业发展速度增加,但依然低于消费品工业的,Hoffman 比率为 2.5(±1)∶1;

阶段三:生产资本品的工业持续地增长,生产资本品的工业逐渐显示出优势来,Hoffman 比率为 1(±0.5)∶1;

阶段四:生产资本品的工业占据了主要的地位,实现了工业化,此时的 Hoffman 比率在 1 以下。

---

① “Hoffman 比率”指的是消费品工业与资本品工业生产的价值的比值。

然而，一些学者指出，上述的四个工业发展阶段只适用于演进性的工业化类型，对例如前苏联那种比较激进或中国革命性的工业化类型，其不同发展阶段的特征及指标可能受政府的计划而变得完全不一样，甚至于是倒过来的。当然，从生产市场消费品的工业占优势到生产资本品的工业占优势，并非每个国家都有这样的转变历程，也并非每个国家都能达到资本品占优势的阶段。日本经济学家岩谷佑根据产业关联理论，对生产消费资料及资本资料的产业分类，对总产值进行数量统计，对“Hoffman 工业化经验法则”进行重新论证，主要得出以下两个观点：第一，在较长的历史时期中，“Hoffman 比率”在逐渐下降，生产资本资料的工业比重出现逐渐上升的普遍现象；第二，从“Hoffman 系数”来看，日本在重工业化阶段的“Hoffman 比率”下降很明显，这与“Hoffman 工业化经验法则”相吻合，但对于诸如美国、瑞典等那些工业化水平较高的国家，并没有按照“Hoffman 工业化经验法则”发展，这也反映了“Hoffman 工业化经验法则”比较适用于工业化初期和中期阶段，但对于整个工业化过程并不适合。

Chenery(1960)对 20 世纪 50 年代具有不同收入水平国家的工业结构差异进行了比较，发现那些人均收入在 100 美元左右的低收入国家，生产投资品的工业比重较低，大约在 12%；而对于那些人均收入在 600 美元左右的高收入国家，这个比重大约在 34.5%。人均收入在 100 美元左右的低收入国家，生产消费品的工业比重较高，大约为 68.3%；而对于人均收入在 600 美元左右的高收入国家，比重大约在 42.9%。从低收入水平到中等收入水平再到高收入水平，生产投资品的工业产值在全部工业中的产值占比会逐渐上升，而生产消费品的工业产值占比则逐渐下降。Chenery 的这一分析，进一步论证了在工业化过程中资本品工业相对增加与消费品工业相对减少的基本特征。

（二）服务业内部结构的变迁

在服务业内部同样存在结构变迁趋势，主要体现在从以劳动密集型产业转向以知识密集型产业为主，服务业的主导地位主要被知识、技术含量高的现代服务业所占据。从本质上看，服务业内部结构的升级变迁是人力资本逐步取代物质资本的过程，在这个过程中，经济增长主要由人力资本来主导，而这种变迁又主要是受分工深化和技术进步所驱动的。

分工深化驱动了服务业内部的结构变迁主要通过如下机制：分工深化带动了商品生产体系内部的服务需求，这种服务需求与商品生产、流通和对信息的搜集、处理、加工等需求又进一步带动了信息服务业的发展，同时分工深化还使得企业的组织结构也发生着改变，进而导致与生产的信息处理有关的部门在专业分工基础上独立起来，这样便带动了专业服务业的发展，例如研发、会计、咨询等。

技术进步驱动了服务业内部的结构变迁主要通过如下机制：技术进步带动了

诸如管理、咨询、广告等一些现代新兴服务业的发展。一方面,“服务”作为一种产品本身在“知识化”和“信息化”,这可以从服务业所提供的服务承载的越来越多的专业知识、技能和信息看得出来;另一方面,“服务”的生产技术也在“知识化”和“信息化”,这可以从服务业通过不断的技术进步使得自身的生产率水平得以提高看得出来,例如,连锁经营、电子商务这些服务在全球范围内的发展极其迅速。

在发达国家,服务业内部的升级趋势更加明显。服务业内部结构的升级使西方国家在经历了 20 世纪 70 年代经济的“滞涨”后,实现了经济的健康稳定增长。一些研究表明,在那些服务业内部结构呈现升级的国家,该国的国民经济结构也必然更加稳定。服务业内部结构的升级其实也是服务业更加“知识化”和“信息化”,随着服务业内部结构的进一步升级,在达到一定水平后,金融、保险、房地产等这些服务产业的附加值占 GDP 的比重会超过 1/3。

第二节　产业结构变迁的理论框架基础

产业结构变迁过程中有两个特别著名的现象:一是“Kaldor 事实”,二是“Kuznets 现象”。“Kaldor 事实”主要是指在产业结构变迁过程中出现以下特征:第一,人均产出大体保持常数增长率;第二,资本产出比率大体保持常数;第三,资本的实际回报率大体保持常数;第四,国民收入中劳动份额和资本份额大体保持常数。“Kuznets 现象”指的是伴随着经济增长,工业和服务业的产值在国民经济中的比重逐渐上升,农业的比重逐渐下降,同时,劳动力出现从农业流向工业和服务业的再分配过程,Clark(1940)、Kuznets(1957)、Chenery(1960)对此现象都有研究。因此早期产业结构变迁的研究,大体分为两大类:一类研究主要集中关注“Kaldor 事实”,模型一般只包括一个经济部门,最终能产生平衡增长路径,但是却忽略了增长过程中的“Kuznets 现象”;另一类研究主要关注“Kuznets 现象”而忽略“Kaldor 事实”,例如 Clark(1940)、Kuznets(1957)、Chenery(1960)、Baumol(1967)、Pasinetti(1984)、Park(1995)、Echevarria(1997)、Laitner(2000)。在对这两种现象进行深入研究之后,一些学者就提出了:有没有一种增长模型既能容纳“Kaldor 事实”,又能解释美国相同发展期间的劳动力在各部门之间的再分配?咋看上去,似乎是不可能,因为平衡增长路径的特征之一便是:随着时间的改变,各个产业部门的资本份额和劳动份额都是保持恒定不变的,这种平衡增长的经济特征和经济结构变迁的特征看似互相矛盾,但是,我们能否找到合适的模型表达使得两个事实相容?很多学者致力于此,以 Kongsamut 等(2001)为代表,其文献开创性地使用了“广义平衡增长路径(GBGP)”的概念,实现了“Kaldor 事实”和“Kuznets 现象”的融合,既保留了平衡增长路径的主要特征,又能容纳产业结构变迁的动态路径。该文献堪称是将经济增长和结构转型融合在一个模型中考虑的经典代表,以后这方面的研究纷至沓来,按研究问题切入的角度主要分为两大类,一类文献从需求层面入手,将家庭对各部门产品的消费偏好存在非一致性作为结构变迁的根本原因。这类文献假定各部门之间的技术进步率是相同的,而家庭对各部门产品的需求存在非一致性偏好,导致各部门产品需求的收入弹性不同,具体是这样的:农业部门产品需求的收入弹性小于1,工业部门产品需求的收入弹性等于1,服务业部门产品需求的收入弹性大于1,随着经济的增长和收入的增加,家庭对农业部门产品需求的增加小于对工业部门产品需求的增加,家庭对工业部门产品需求的增加小于对服务业部门产品需求的增加,从而使劳动力从农业部门流向非农业部门,引致结构变迁,这种从需求层面提出结构变迁的原因所在的效应也称为“收入效应”,关于这类思想的文献以 Kongsamut 等(2001)为代表,主要还有 Echevarria(1997)、Dennis 和 Iscan(2009)。另一类文献从供给层面入手,强调各部门技术进步率不同是经济结构变迁的根本原因。这类文献一般假定家庭对各部门产品需求之间的替代是缺乏弹性的,因此,为了维持对消费配置的组成结构,劳动力会流向相对价格较高(即技术进步率较低)的生产部门,从而带来结构变迁,这种思想最早由 Baumol 于 1967 年所发表的《非均衡增长的宏观经济学:城市危机剖析》一文所提出,代表性的文献有 Ngai 和 Pissarides(2007)、Acemoglu 和 Guerrieri(2008)。我们下面对这两类文献选择代表具体给出它们的框架及分析的核心内容。

一、收入效应引起产业结构变迁的理论框架

Kongsamut 等(2001)强调了产业结构变迁中的“收入效应”,该文献开创性地使用“广义平衡增长路径”的概念,在 GBGP 上,实现了“Kaldor 事实”和“Kuznets 现象”的融合。我们的理论模型是在这篇文献基础上拓展的。下面简要给出 Kongsamut 等的分析框架,为我们后面的分析做好铺垫。

(一) 生产

模型把实际经济体抽象为三个部门:农业、制造业和服务业,生产过程使用资本和劳动,不考虑土地,并且框架是在封闭经济下运行的,不考虑对外贸易,假设三个部门的生产函数为劳动扩展型的技术进步,并且假设农业部门和服务业部门的产出用来消费,制造业部门的产出用来消费和投资,三个部门生产函数分别为

$$A_t = B_A F(\phi_t^A K_t, N_t^A X_t)$$

$$M_t + \dot{K}_t + \delta K_t = B_M F(\phi_t^M K_t, N_t^M X_t)$$

$$S_t = B_S F(\phi_t^S K_t, N_t^S X_t)$$

其中：K_t、X_t 分别表示资本和技术水平；三个部门总的劳动力被标准化为 1；M_t 表示制造业部门的消费；A_t、S_t 分别表示农业部门的产出和服务业部门的产出；ϕ_t^i、$N_t^i(i \in \{a,m,S\})$ 分别表示 i 部门的资本和劳动占整个经济体中资本和劳动的份额，应满足，

$$\phi_t^A + \phi_t^M + \phi_t^S = 1$$

$$N_t^A + N_t^M + N_t^S = 1$$

技术进步的增长率为 g，由 K_0、X_0 给定。假设资本和劳动是完全自由流动的，那么资本和劳动在三个部门的有效分配要求满足：

$$\frac{\phi_t^A}{N_t^A} + \frac{\phi_t^M}{N_t^M} + \frac{\phi_t^S}{N_t^S} = 1$$

由于不同部门的生产是成比例的，所以可以用制造业的产品表示农业和服务业的价格，即

$$P_A = B_M/B_A, \quad P_S = B_M/B_S$$

那么利用相对价格的关系式，以及资本、劳动有效条件之比，可将经济体中总的资源约束写成：

$$M_t + \dot{K}_t + \delta K_t + P_A A_t + P_S S_t = B_M F(K_t, X_t)$$

（二）家庭

假设家庭的偏好是时间可分的，消费者的效用函数满足三部门具有不同的收入弹性，形式如下：

$$U = \int_0^\infty \mathrm{e}^{-\rho t} \frac{[(A_t - \overline{A})^\beta M_t^\gamma (S_t + \overline{S})^\theta]^{1-\sigma} - 1}{1-\sigma} \mathrm{d}t$$

其中：σ、β、γ、θ、ρ、$\overline{A}$、$\overline{S} > 0$，$\beta + \gamma + \theta = 1$。对效用函数的这个形式的假设意味着农业部门、制造业部门、服务业部门产品需求的收入弹性分别是小于 1、等于 1、大于 1。

（三）竞争性均衡

在整个经济体的资源约束下极大化消费者效用，得到经济体的竞争性均衡也是 Pareto 最优解，经济体的实际利率满足：

$$r = B_M F_1(k,1) - \delta$$

其中：$k = K/X$。部门间最优消费分配路径满足：

$$\frac{P_A(A_t - \overline{A})}{\beta} = \frac{M_t}{\gamma}$$

$$\frac{P_S(S_t + \overline{S})}{\theta} = \frac{M_t}{\gamma}$$

制造业产品的最优消费路径满足：

$$\frac{\dot{M}}{M}=\frac{r-\rho}{\sigma}$$

平衡增长路径如果在效用函数中有 $\overline{A}=\overline{S}=0$，此时经济产生平衡增长路径，家庭选择对三个部门产品的消费增长率均为 $g=\frac{r-\rho}{\sigma}$。如果 $\overline{A}$、$\overline{S}>0$，此时便不再存在平衡增长路径，由部门间最优消费分配路径可以看到，家庭选择农业部门的消费和服务业部门的消费不是按相同的常数比例增长的。为了进一步考察此时的经济增长特征，下面考察“广义平衡增长路径(GBGP)”，首先给出 GBGP 的定义为：GBGP 是这样的一个增长轨迹，它满足经济在此路径上，实际利率保持为常数。

根据这个定义，为了产生 GBGP，需要满足实际利率为常数。为了让增长与结构转型相融合，文章加入了一个关键的条件 $\overline{A}B_S=\overline{S}B_A$，在此条件下，Kongsamut 得到 $A_t-\overline{A}$、$S_t+\overline{S}$ 均以常数 g 的速度增长，三个部门的产出增长率分别为

$$\frac{\dot{A}_t}{A_t}=g\frac{A_t-\overline{A}}{A_t},\quad \frac{\dot{M}_t}{M_t}=g,\quad \frac{\dot{S}_t}{S_t}=g\frac{S_t-\overline{S}}{S_t}$$

三个部门就业份额的动态特征为

$$\dot{N}_t^A=-g\frac{\overline{A}}{B_AX_tF(k,1)},\quad \dot{N}_t^M=0,\quad \dot{N}_t^S=g\frac{\overline{S}}{B_SX_tF(k,1)}$$

定理在满足条件 $\overline{A}B_S=\overline{S}B_A$ 下，存在广义平衡路径，其主要特征如下：

(1) 部门间的相对价格保持为常数；

(2) 总的劳动收入份额保持为常数；

(3) 资本的增长率保持为常数；

(4) 总产出保持为常数；

(5) 资本-产出比率保持为常数。

三个部门的产出增长率及就业份额是随时间变化而变化的量，其主要变化趋势为：农业部门的就业份额下降，服务业部门的就业份额保持不变，制造业部门的就业份额保持不变。在广义平衡路径上，初始资本 $k(k=K/X)$ 的值满足

$$B_MF_1(k,1)-\delta=\sigma g+\rho$$

(四) Kongsamut 等的研究的贡献及局限

Kongsamut 等的文献的贡献是利用特殊的效应函数形式，产生了与事实相符的 Kuznets 现象和与 Kaldor 事实相容的广义平衡增长路径。

Kongsamut 等的文献的局限性如下。

第一，Kongsamut 等的文献只是关注劳动力在农业和服务业部门之间的再分配，然而，由劳动力的再分配为主要表现之一的经济结构变迁不但发生在农业部门和服务业部门，同样也出现在制造业部门和服务业部门，此点并没有涉及。

第二，Kongsamut 等的文献假定在 GBGP 上，各部门的技术进步是相同的。这样的假设所产生的直接结果便是各部门具有相同的价格，那么模型所解释的反映结构的变量的名义值和实际值是相吻合的。这意味着模型并不能解释实际份额和名义份额之间的不同。

第三，Kongsamut 等的文献的结论暗含了在足够穷的国家，家庭对服务业产品的消费为 0，服务业部门的就业份额也为 0。这与事实并不相符。

二、价格效应引起产业结构变迁的理论框架

Ngai 和 Pissarides(2007)强调了结构变迁中的“价格效应”，在下文的分析中也会用到他们的思想，下面简要给出这种思想的理论框架。

（一）经济系统的模型表示及相关结论

模型假定经济系统中存在 m 个部门，部门 $i=1,\cdots,m-1$ 只生产消费品。第 m 个部门既生产最终消费品，同时又进行整个经济系统的资本积累，称为制造业部门。用 F^i 表示 i 部门的生产函数，c_i 表示 i 部门的人均消费水平，那么，

$$c_i = F^i(n_i k_i, n_i), \quad i = 1,\cdots,m-1$$

$$\dot{k} = F^m(n_m k_m, n_m) - c_m - (\delta + v)k$$

其中：$\delta > 0$ 是折旧率；$n_i \geqslant 0$ 是 i 部门的就业份额；v 是劳动力的增长率，是外生的；$k_i \geqslant 0$ 是 i 部门的资本-劳动比率；$k \geqslant 0$ 是总的资本-劳动比率，满足资源分配约束，

$$\sum_{i=1}^{m} n_i = 1, \quad \sum_{i=1}^{m} n_i k_i = k$$

使用 C-D 资本增长型生产函数，并假设 i 部门的技术进步率为 γ_i，即

$$\frac{\dot{A}_i}{A_i} = \gamma_i, \quad F^i = A_i (n_i k_i)^{\alpha} n_i^{1-\alpha}, \quad \alpha \in (0,1), \quad \forall i$$

消费者的效用函数为

$$U = \int_0^{\infty} \mathrm{e}^{-\rho t} v(c_1,\cdots,c_m)\mathrm{d}t$$

其中：$\rho > 0$ 为主观贴现率；$v(\cdot)$ 为效用函数。CRRA 效用函数为

$$v(c_1,\cdots,c_m) = \frac{\phi(\cdot)^{1-\theta} - 1}{1-\theta}, \quad \varphi(\cdot) = \left(\sum_{i=1}^{m} \omega_i c_i^{(\varepsilon-1)/\varepsilon}\right)^{\varepsilon/(\varepsilon-1)}$$

其中：θ、ε、$\omega_i > 0$，$\sum_{i=1}^{m} \omega_i = 1$。使用企业利润极大化及资源分配约束可以得到

$$k_i = k, \quad \frac{p_i c_i}{p_m c_m} = \left(\frac{\omega_i}{\omega_m}\right)^{\varepsilon} \left(\frac{A_m}{A_i}\right)^{1-\varepsilon} \equiv x_i, \quad \forall i$$

这里把制造业部门产品的价格标准化为 1，即 $p_m \equiv 1$，p_i 表示 i 部门产品相对

于制造业部门产品的价格，x_i 表示对产品 i 的消费支出与对制造业产品的消费支出之比，定义

$$c=\sum_{i=1}^{m}p_ic_i,\quad y=\sum_{i=1}^{m}p_iF^i,\quad X=\sum_{i=1}^{m}x_i$$

利用这两个定义式及企业利润极大化的一阶条件，可以将上式表示成制造业部门的相关变量，如下：

$$c=c_mX,\quad y=A_mk^{\alpha}$$

（二）结构变迁

如果至少有一个部门满足 $\dot{n}_i\neq 0$，便表示发生了结构变迁，由 Ngai 和 Pissarides 的文献得到在每个部门中，就业份额满足如下表示：

$$n_i=\frac{x_i}{X}\left(\frac{c}{y}\right),\quad i=1,\cdots,m,\quad n_m=\frac{x_m}{X}\left(\frac{c}{y}\right)+\left(1-\frac{c}{y}\right)$$

并且每个部门就业份额的动态变化满足

$$\frac{\dot{n}_i}{n_i}=\frac{\dot{c/y}}{c/y}+(1-\varepsilon)(\bar{\gamma}-\gamma_i),\quad i=1,\cdots,m-1$$

$$\frac{\dot{n}_m}{n_m}=\left[\frac{\dot{c/y}}{c/y}+(1-\varepsilon)(\bar{\gamma}-\gamma_m)\right]\frac{(c/y)(x_m/X)}{n_m}+\left(\frac{(1-\dot{c/y})}{(1-c/y)}\right)\left(\frac{1-c/y}{n_m}\right)$$

其中：$\bar{\gamma}=\sum_{i=1}^{m}(x_i/X)\gamma_i$ 表示加权后的平均 TFP（全要素生产率）增长率。

由以上两式很显然可以得到有关结构变迁的特征。文献考虑了两种情况。第一种情况：考虑部门之间有相同的 TFP 增长率，即 $\gamma_i=\gamma_m,\forall i$，此时经济处于平衡的 TFP 增长，部门间相对价格为常数，因此，所有的消费品可以加总成一种，这样整个经济体可以看作只由两个部门组成——一个部门生产消费品，另外一个部门生产资本品。那么，只有当 c/y 是随时间变化而变化的量时，才会发生生产消费品的部门与制造业部门之间的结构变迁，并且当 c/y 随时间的增加而增加时，储蓄率和投资率下降，劳动力从制造业部门流向生产消费品的部门，反之亦然。第二种情况：如果 c/y 是常数，那么只有 $\varepsilon\neq 1$ 且至少有一个 i 满足 $\gamma_i\neq\gamma_m$，才能发生结构变迁。并且，当 $\varepsilon<1$ 时，劳动力流向技术增长慢的部门；当 $\varepsilon>1$ 时，劳动力流向技术增长快的部门，即有如下定理。

定理 1　如果 $\gamma_i=\gamma_m,\ \forall i=1,\cdots,m-1$，那么发生结构变迁的充分必要条件是 $\dot{c}/c\neq\dot{y}/y$，这种情况下的结构变迁仅发生在总的消费部门和制造部门之间；如果 $\dot{c}/c=\dot{y}/y$，那么发生结构变迁的充分必要条件是 $\varepsilon\neq 1$，并且存在 $i\in\{1,\cdots,m-1\}$ 都满足 $\gamma_i\neq\gamma_m$，这种情况下的结构变迁发生在具有不同 TFP 增长率的任意部门之间。

（三）Ngai 和 Pissarides 的研究的贡献及局限

Ngai 和 Pissarides 的贡献在于他们的模型突出强调了各部门不同的技术进步率会引起价格改变，进而带来各部门产值份额的改变及生产要素在各部门分配额的变动，引致结构变迁，是价格效应驱动结构变迁的代表性著作。利用他们的模型，在 GBGP 上反映结构变迁的变量能够与农业部门及服务业部门的名义附加值与就业份额在数量上相吻合。

他们的模型的局限是假定家庭对各部门产品的消费不存在非位似偏好，结构变迁的动力来源主要是各部门不同的技术进步，这点并不符合现实。再者，模型假定各部门产品之间的消费是缺乏弹性的，即 $\varepsilon \in [0,1)$，这样，不管是使用生产测算法也好，还是消费测算法也好，模型都不能解释实际份额的变化。

第三节　国际贸易影响产业结构变迁的理论基础

国际贸易属于影响产业结构的外部因素，下面主要从国际贸易影响三次产业产值结构、就业结构的理论基础及机制两个方面来进行阐述。

一、国际贸易对产业结构变迁的影响

（一）要素禀赋差异的影响

赫克歇尔-俄林的要素禀赋理论的主要思想是：国际贸易之所以会发生，是因为各国具有相对不同的要素禀赋，这也构成了世界各国分工的基础。各国之间要素禀赋的不同会导致价格的不同，如果要素禀赋丰富的国家利用本国丰富资源的优势进行生产，那么这样生产出的产品价格会比较低，因此，在国际贸易中会产生较高的利益，便有比较优势。如果实际中满足我们以上的分析，国际贸易便通过一国的要素禀赋优势推动该国产业结构从低向高转化，具体的表现是这样的：第一，一国的产业结构通过比较优势而表现出某些种类的组合方式，比如是资本密集型的还是劳动密集型的或知识技术密集型的；第二，由于要素禀赋上的比较优势，一国的生产会比较倾向于成本的专业化生产，使这种专业化的生产在国际贸易中处于有利的地位，通过这种传递，该国的产业结构会发生从低向高的变迁。

（二）国际贸易促进产业结构变迁的形式

国际贸易如何促进一国产业结构的变迁是与该国的实际相结合的，对于拥有不同国情和处于不同发展程度的国家，国际贸易促进产业结构变迁的形式可以分

为如下两种。

（1）对于后起的发展中国家，一般先在国内实行“进口替代”政策，利用进口产品开拓国内的市场来诱发该产业的发展。随着该产业的发展，形成规模经济，再依靠本国劳动力资源、自然资源充裕并且廉价的优势，使得生产成本显著下降，开始形成比较利益，扩大国际市场。在该产品的国际市场形成后，来自国内外的需求开始扩大，导致国内产业结构的变动。这种主要依靠产品进口的政策，有着其特定的优势，主要体现在以下两个方面：一是通过进口带动出口来推动这种产业的升级，这样对新兴产业的发展有很大益处，同时也降低了生产该产品的成本，规避了风险；二是充分利用了廉价劳动力的优势，降低了生产成本，使产品在市场上具有比较优势，进而促进了产业升级。

（2）对于发达国家，先在国内开发新产品，依靠国内市场实现它的发展，当国内市场出现饱和状态时，再开始开拓国外的市场，出口该产品，在国外市场逐渐形成后，进一步出口与该产品相关的技术和资本，这使得资本、技术与被出口国廉价的劳动力、自然资源结合，得到更低价格的产品，然后往本国市场销售，那么这一产业在国内便开始收缩，于是转向其他产品的开发，经过这样的方式来推动产业结构的变迁。这是一个动态的循环过程，一般发生在发达国家，也有其特定的优势，具体体现在：一是可以有效吸引外商对本国这种产业的投资，进而促进产业的发展；二是有利于完善就业及收入分配格局；三是使资源的使用和配置更加合理。

二、国际贸易影响产业结构变迁的传导机制

国际贸易从供给和需求两个方面来影响产业结构，这主要通过加快本国的技术进步、加快本国的资本积累来实现，下面我们从直接和间接两个方面来论述。

（一）直接传导机制

1. 加快技术进步

国际贸易通过加快本国的技术进步来促进产业结构变迁，这主要通过以下三条途径：第一，直接进口外国的先进技术；第二，后进国家通过进口新产品获得先进的技术和信息，通过国际贸易的“技术溢出”效应获得生产技术上的进步；第三，在国际贸易中，企业为了满足国外的需求，大力加强对新产品的研究与开发来促进本国的技术进步。

2. 促进资本积累

产业结构会随着经济的发展进行不断的演变，而经济发展的一个最基本的条件是有生产要素的积累，这不但需要有劳动力要素，更需要有资本要素。对于发展中国家来说，国际贸易通过两种方式促进本国的资本积累：第一，发展中国家劳动力要素比较丰富，因此在国际贸易中，该国可将国内部分商品及劳务在国际市

场上直接转换成资本要素，然后扩大国内投资，这进一步加速了国内资本要素的积累；第二，如果出口的产业具有较强的产业关联效应，并能因此创造出新的国内需求，那么，这便能带动国内的投资，这样来看，出口本身便具有促进本国资本要素形成的作用。

3. 促进基础设施建设

一国在进出口活动中，需要大量运输外贸产品，这便要求该国大力加强港口、公路、铁路、电力等基础设施的建设，这些基础设施的建设又会促进社会各产业部门的收益，促进经济的发展，从而促进产业结构的变迁。

4. 推动新产业的成长

对某些产品的进口需求要通过国际贸易来实现，对进口的需求可以刺激供给技能发挥作用，推动新产业的产生及成长。具体是这样的：一国首先进口国内缺乏的某种新产品，随着消费者对这些产品的习惯及偏好的逐渐形成，国内的需求消费结构会发生一定的变化，当消费者对这些商品需求的信息积累到一定程度时，便会吸引国内外的企业开始投资到这类产品的市场，这便促使了新产业的产生。

（二）间接传导机制

国际贸易通过进出口的方式传导各国之间产业的联系，从而间接地传导产业结构的变迁。下面我们从“雁行模式”和产品周期理论两种思想来论述。

1. 日本经济学家 Kaname Akamatsu 的“雁行模式”

“雁行模式”说明了国际贸易以间接的形式影响了一国的产业结构变迁。Kaname Akamatsu 将发展中国家的产业结构变迁模式概括为“雁行模式”，该模式包括如下四个阶段，即进口阶段、进口替代阶段、出口增长阶段、重新进口阶段。具体是这样的：对于一些进入工业化时期的发展中国家，由于本国落后的经济和技术，需要把某些产品的市场向发达国家开放，靠进口来满足国内消费者的需求，进口占据着国内的市场，这是“进口阶段”；随着国内对这种产品的需求达到一定的数量且本国开始掌握生产这种产品的技术，本国自己生产的产品便开始取代进口的产品，这是“进口替代阶段”；进一步，本国对这种产品的生产规模扩大，规模经济开始形成，加上廉价劳动力的优势，开始向国外出口这种产品，这是“出口增长阶段”；随着世界上较落后的新兴国家开始对该产品进行生产，而本国却转向更新产品的模仿及生产，国内对这种产品变成了净进口，这是“重新进口阶段”。这四个阶段呈现倒“V”形，形如展翅的大雁，因此而得名。在这个过程中，一国不断形成新的产业，同时带动其他产业的发展壮大，这样，产业结构便通过国际贸易这种间接形式实现了向高级化的变迁。

2. 弗农的产品周期理论

产品周期理论认为，新的产业在起步阶段时，企业一般会选择在本国内部生产，利用国际贸易来满足国外对新产业产品的需求。随着该产业的发展，在该产业进入“成熟”和“标准化”阶段后，生产企业开始进行国外投资，并结合国际贸易来开拓国外的市场，等到条件进一步成熟，开始进行跨国投资，于是国外开始逐渐掌握对这种新产品的生产，这样便促进了后进国家产业结构向高级化发展。这类似于 Kaname Akamatsu 的“雁行模式”理论，他们都认为驱动国际间产业转移的因素是比较优势，都反映了国际贸易能形成国际产业间的联系，说明国际贸易从间接上影响了产业结构变迁。

第四节　国际分工基本理论与产业结构变迁

国际贸易影响一国产业结构的变迁在很大程度上是通过国际分工来实现的。在本节中，我们先总结国际分工的演化过程，再对国际分工与产业结构的变动关系进行梳理，由此看到国际分工影响产业结构变动的机制，最后对这方面的已有文献研究进行总结。

一、国际分工理论的演化

亚当·斯密以劳动价值论为基础，提出了“绝对优势学说”，他认为国际分工能极大地提高社会劳动生产率，国际分工是各种分工形式的最高阶段，国家之间的分工能提高各国的劳动生产率，使得生产产品的成本降低，各国的劳动和资本都能得到充分利用，因此各国都应该积极参与国际分工和国际贸易，用本国的优势产品换取他国的优势产品，这样贸易双方国家在国际贸易中都能达到双赢。亚当·斯密的论述虽然精辟，但是也有很大的局限性，最明显的缺陷便是，他没有说明那种在各个部门的生产中都不存在优势的国家如何参与国际分工并从国际贸易中获取利益。

李嘉图的“比较优势学说”是在“绝对优势学说”基础上提出的，“比较优势学说”的中心思想是：每个国家都该按照“两利相权取其重”和“两弊相权取其轻”的原则来生产并出口该国家的比较优势产品，进口该国家的比较劣势产品。“比较优势学说”更加普遍地解释了国际贸易产生的基础，并且大大丰富和发展了“绝对优势学说”。但是李嘉图的“比较优势学说”也存在着理论分析上的硬伤，因为“比较优势学说”之所以成立，是因为两国在生产某种产品的生产成本上存在着“度”的差别，如果两国在生产产品的生产成本上不存在“度”的差别，即两国是“等优势或等劣势”的，那么“两优择其甚”或“两劣权其轻”的原则便不再有用了，此时会陷入“此优为彼优，无甚可择”或“彼劣即此劣，何以权轻”的局面。

20 世纪以前，学者们大都使用技术的差别来解释生产成本和产品价格的不同。20 世纪初，赫克歇尔-俄林从不同的视角来解释，主要是集中在生产要素禀赋的不同，在此基础上产生了“比较优势”，在这一视角下的解释打破了亚当・斯密和李嘉图思想的局限性。赫克歇尔-俄林的思想认为，在生产过程中起重要作用的不但有资本、土地和其他实体类型的生产要素，同时劳动力也会在各国的劳动生产率和生产成本中起到重要作用。由于每个国家在生产要素的储备和资源禀赋方面的不同，同时在生产不同的产品时需要不同的生产要素配置，这是各国不同的生产资源配置和要素禀赋差别产生的基础，就是这些产生了国际分工。

亚当・斯密、李嘉图及赫克歇尔-俄林，包括 20 世纪中期以前关于国际贸易和国际分工的比较优势理论都属于外生比较优势理论，随着 20 世纪 60 年代以来迅速发展的国际贸易及贸易形态的丰富多元化，外生比较优势理论并不能解释国际分工中的诸多现象，在这样的背景下，一些学者引入规模经济、产品差异，并从专业化、技术差异、制度、博弈等不同角度完善和拓展了传统比较优势理论，形成了内生比较优势理论。

20 世纪 80 年代以后，克鲁格曼和赫尔普曼利用规模经济对比较优势进行了分析，从而形成了垄断竞争模型，该模型遵循自由进入及平均成本定价的准则，同时认为是规模报酬和市场规模之间的相互作用内生决定了产品的生产及贸易，形成了内生比较优势理论，杨小凯和博兰从专业化和分工的角度拓展了内生比较优势理论。他们将专业化和分工置于分析的核心，认为专业化会随着分工水平的提高而提高。

Balassa(1981)提出了外贸优势转移假说，他将国际分工的类型与经济发展水平联系起来形成了许多阶梯。按照发展阶梯划分，当今世界上的国家大致可以分为以下几类：第一阶梯主要是由发达国家组成的；第二阶梯主要是由新兴工业化国家组成的，如巴西、阿根廷、墨西哥和亚洲“四小龙”；第三阶梯主要包括次级新兴工业化国家，如中国、印度和除去新加坡的东盟各国；第四阶段是其他发展中国家和地区。处在不同发展阶梯中的国家比较优势是动态变化的，演变过程大致如下：各国按照本国的比较优势发展出口，随着世界科技及经济的发展，处于较低阶梯的国家逐渐发展并取代比其更高阶梯国家在较早阶段具有优势的产品的出口，发达国家和新兴工业化国家在发展本国新兴产业的同时，将失去优势的产业转移给处于下一个发展阶梯的国家，这样使得较低水平的国家能够得到进一步的发展，进入更高的贸易发展阶梯。

在这些国际贸易理论基础之上，如果从中抽取国际分工来研究，那么从其形态来看，国际分工的演化走过了三个阶段：第一个阶段是传统的早期分工。在这个阶段，世界各国和地区根据自身的比较优势和该国的资源禀赋进行专业化生产,这个阶段的专业化属于不同产业部门之间的专业化,这是早期的国际分工形式,主要表现为农业、矿业和制造业之间的分工,或者原料与加工制成品之间的分工,此时的分工主要是垂直形式的分工。第二个阶段开始于第二次世界大战后,主要是产业内的分工,即是不同的国家主要从事同一产业内部不同产品的生产。第三个阶段属于全球价值链分工形式,主要是20世纪80年代发展起来的,最开始是表现为Balassa(1981)所述的发达国家向较低一个阶梯的新兴工业化国家转移制造业的较为低端的生产工序,这种分工更细,其主要特点是同一产品的不同工序分布在不同的国家和地区进行生产,这种全球价值链的分工形式,融合了产业间的国际分工和产业内的国家分工,随着世界各国经济的发展,国际贸易在各国经济发展中的地位越来越重要,这种全球价值链分工在国际分工中的地位和作用也日渐增大。由于这种分工将产品的生产分解为技术、生产和销售三大价值链环节,因此这种分工使得研发、设计、采购、销售和售后服务等活动从制造业的生产中解放出来,形成了生产者服务业,这样使产品内的分工演变成为产业间的分工,不过,这种产业间的分工与传统产业间的分工不同,这种产业间的分工更多显示的是以产品内分工为基础的服务业与制造业之间的产业间的分工。于是,我们看到,国际分工其实是经过了这样一种螺旋上升的发展过程:产业间分工→产业内分工→产品内分工→产业间分工。

二、国际分工与中国产业结构变迁的关系

关于中国在国际分工与产业结构演进方面的分析和研究大致可以分为两个阶段:第一个阶段主要发生在中国的工业化初期阶段,当时中国处于改革开放初期阶段,对外贸易程度的扩大在极大程度上促进了中国的工业化进程,这个阶段,中国迅速发展的对外贸易加快了中国产业结构的高级化进程,因此针对这个阶段的研究,得到的主要结论是,国际分工会加快产业结构的调整,向更高级的方向发展;第二个阶段在21世纪之后,中国加入WTO以后,中国的对外贸易进一步扩大,中国成为名副其实的“世界加工厂”,主要是进行工业制造品的出口和服务品的进口,中国在这个阶段,制造业进一步发展,第二产业不变价比重在60%以上,而服务业却迟迟没有超过30%,因此,一些学者开始意识到新时代“制造-服务”这样的对外贸易模式可能会对中国现阶段产业结构向更高级的服务经济演进产生不利的影响。林毅夫早在1999年便指出在每个国家参与国际贸易的过程中,国际贸易并不总是促进该国产业结构向高级化方向发展的。只有建立在比较优势基础之上,才会有利于产业结构的升级。张捷、周雷(2012)建立全面均衡模型,该模型同时融合了H-O模型和古典经济增长模型的思想,用来分析国际分工与产业结构变迁的关系。该文献提出,在中国现阶段产业结构在向后工业化过渡时期,中国产业结构的演进受国际分工的影响是巨大的,在目前世界“制造-服务”的国际

分工模式中，中国产业结构受到不利的影响，这样的分工模式阻碍了中国产业结构向服务经济的发展。张捷等(2013)同样提出了“制造-服务”的国际分工模式使中国陷入了低水平“制造化”状态，使服务业发展停滞，不利于产业结构向高级化演进。

三、关于中国国际分工与产业结构变迁的研究结果

成果总结：关于国际分工与产业结构演变方面的研究已有很多，它们从不同的角度分析了产业结构的变化规律及国际分工对其产业影响的机制，取得的成果主要是，国际分工可以通过影响一国的要素配置方式来进而影响该国的产业结构变迁。并且近些年的研究更加强调了国际分工对产业结构的影响并不总是一种模式，世界经济形势和格局总是发生不断变化的，每一个国家的产业结构也在不断变化，因此国际分工对产业结构的影响是动态变化的，一国只有在国际贸易中分工与其发展阶段相适应，才能通过该国的要素配置来引导和提升产业结构，促进产业结构向更高级的方向发展。

不足之处：这些研究在一定程度上解释了国际分工对产业结构变迁产生影响的原因，但对于现在国际经济发展形势而言，还有需要进一步改进和完善之处。本书认为主要是以下这两个方面存在着有待完善之处：第一，已有的研究大都是针对产业结构的工业化阶段，对于一个处于工业化后期阶段的国家，产业结构在向服务经济迈进的过程中，国际分工会对其产生怎样的影响，相关的研究还不够成熟。这里有统计方面的原因，因为目前的国际贸易中大部分是货物贸易，对于服务贸易的统计存在一定的困难，并且政府对于服务的贸易干预也较多，这都不利于研究的进行。第二，在关于国际分工对产业结构演进的实证文献中，对于“产业结构”和“国际分工”的度量也有很多不同的方法，这极大影响了实证分析的结果。根据研究对象和目标的不同，这两个关键变量的度量也存在着极大差别，如果这两个变量的度量选择不恰当，就会给我们带来错误的分析论断。在这方面，我们会根据本书的研究所需，选择合适的度量方法，这将在第六章详细介绍。

第三章　国际贸易影响产业结构变迁的国际经验分析

本章首先梳理改革开放以来，中国三次产业变迁历程，并按照不同的标准对我国所处发展阶段进行详细合理的分析及判断。接着，总结中国对外贸易的发展历程，并对中国产业结构变迁的驱动力进行总结。然后，选取美国作为发达国家的代表，韩国、日本作为出口导向型新兴工业化国家的代表，总结这三个国家的产业结构变迁历史及其与国际贸易之间的关系，并重点论述与我国具有相似产业结构发展背景的韩国，期望对我国国际贸易与产业结构的发展起到借鉴作用。

第一节　中国产业结构变迁与国际贸易概述

一、中国三次产业现状分析

如图 3-1、图 3-2 所示，我们分别画出了中国自改革开放以来按当年价和不变价计算的三次产业产值的份额变化趋势图。从图 3-1、图 3-2 可以看到，中国自 1978 年以来，第二产业的产值比重便一直在第三产业比重之上，按当年价计算，第三产业的产值比重在 2012 年最高，也只有 44.6%，还是低于第二产业的产值比重（见图 3-1）。如果按照 1978 年不变价计算，则第三产业的产值比重最高也只是 1989 年的 30.7%，进入 20 世纪 90 年代，这个比重还有所下降，到 21 世纪，这个数值一直徘徊不前，再未超过 30%（见图 3-2），可见中国产业结构出现严重的工业过高、服务业过低的偏差。随着世界上各个国家更多地参与到世界经济活动中，受"制造-服务"国际分工模式的影响，这种趋势还一直在持续，到 2013 年，中国产业结构出现更加严重的偏差，工业严重挤占了服务业的发展，按 1978 年不变价计算的三次产业的产值比重依次为 4.5%、66.7%及 28.8%。在图 3-3 中，我们绘出了中国自 1978 年以来三次产业就业比重的变化趋势，可以看到，第一产业的就业比重一直在下降，第二、三产业的就业比重一直处于上升的趋势，自 1994 年起，第三产业的就业比重首次超过第二产业的，但之后的上升一直很缓慢，最高也只有 2013 年的 38.5%，这距离发达国家服务业产值比重和就业比重 70%以上还相差甚远。

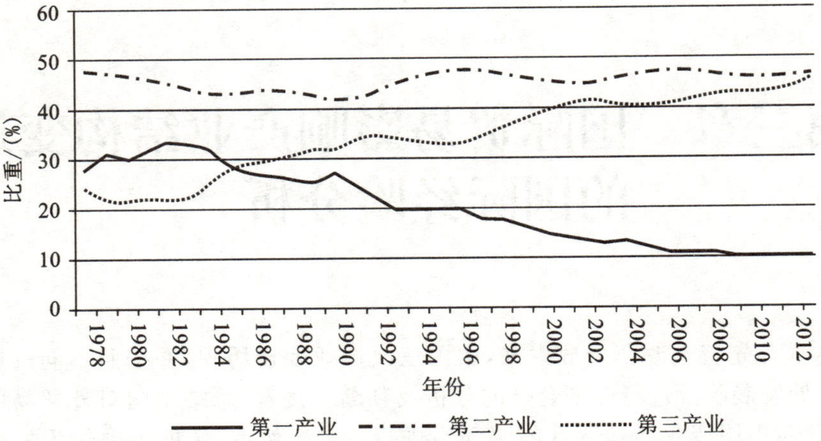

图 3-1　1978—2013 年间三次产业的产值比重变化(按当年价计算)

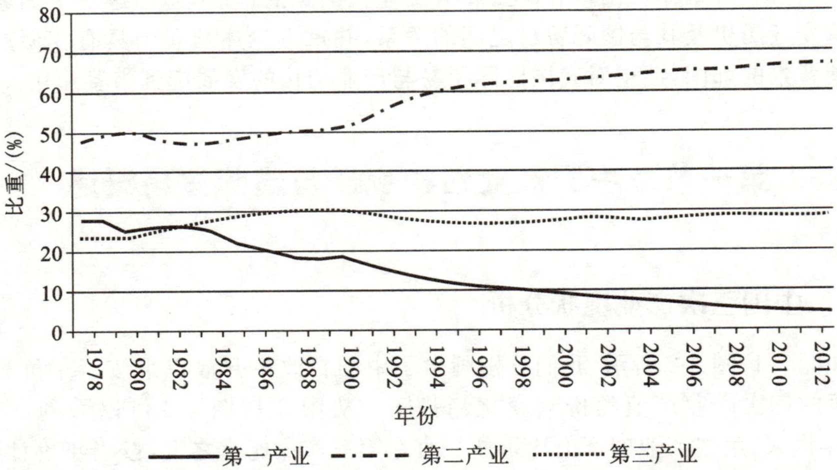

图 3-2　1978—2013 年间三次产业的产值比重变化(按 1978 年不变价计算)

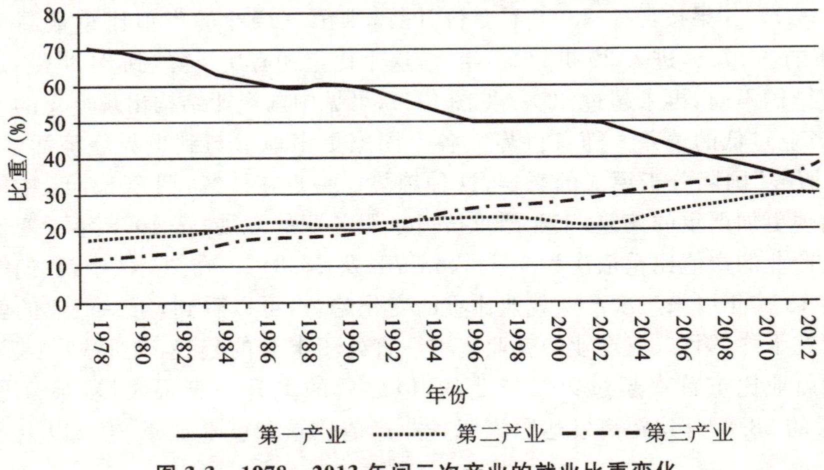

图 3-3　1978—2013 年间三次产业的就业比重变化

二、关于对中国发展阶段现状的判断

下面将我国近些年的一些发展指标列入表 3-1 中，与第二章表 2-1 中列出的标准结构相对比，做出以下几种判断。

表 3-1　中国近年三次产业份额及一些发展指标

年份	三次产业的产值份额 A/I/S	城镇化率/(%)	第一产业就业份额/(%)	人均 GDP (2005 年美元价)
2005	12.5/47.5/40.0	43.0	44.8	1732
2006	11.7/48.9/39.4	44.3	42.6	2039
2007	11.3/48.6/40.1	45.9	40.8	2493
2008	10.7/47.5/41.8	47.0	39.6	3030
2009	10.3/46.3/43.4	48.3	38.1	3351
2010	10.1/46.7/43.2	49.9	36.7	3838
2011	10.0/46.6/43.4	51.3	34.8	4475
2012	10.1/45.3/44.6	52.6	33.6	4872
2013	10.0/43.9/46.1	53.7	31.4	5279

1. 基于人均 GDP 指标的衡量

2013 年，中国的人均 GDP 为 41908 元，按照 2005 年美元购买力平价计算为 5279 美元，而 Chenery 模式的工业化实现阶段的中期阶段标准为在 2980 美元和 5960 美元之间，因此按照人均 GDP 指标来衡量，我国处于工业化实现阶段的中期靠后的阶段。

2. 基于三次产业的产值份额的衡量

根据三次产业的产值份额来判断，2013 年，中国第一、二、三产业产值份额分别为 10%、43.9%和 46.1%，第三产业产值份额已经高于第二产业的产值份额，因此，仅仅基于三次产业产值的现价份额来衡量，中国已经完成了工业化，处于后工业化阶段的起步时期。但是，此处我们并没有考虑产值的指数问题，并没有进行可比价的处理，也许这个方法不够合理。

3. 基于就业份额的衡量

自 1978 年中国实行改革开放以来，第一产业的就业份额逐渐下降，从 1978 年的 70.5%下降到 2013 年的 31.4%，虽然下降的幅度较大，但 31.4%仍是一个较高的水平，这里的原因有多个方面，比如中国农村人口多、第三产业发展滞后，使得第三产业不能有效吸纳充足的剩余农村劳动力。而 2013 年第二产业、第三产业的就业份额分别为 30.1%、38.5%，可见第一产业的就业份额仍是大于第二产业的，且在30%以上，从这个角度来衡量，中国仍处于工业化中期的后期阶段。

4. 基于城镇化率的衡量

中国是一个农业大国，农村人口占据了很大的份额，再加上中国“二元结构”的不平衡性，以及第二、三产业不能充分吸纳农村的剩余劳动力，使得中国的城镇化率一直不高，2011年为51.3%，首次突破50%，2013年为53.7%，刚处于工业化中期50%～60%的范围内，低于工业化后期至少10个百分点。因此，从基于城镇化率这个角度来衡量，中国仍处于工业化中期阶段，且是工业化中期刚刚起步的阶段，这也说明了中国城镇化水平远远滞后于工业化的整体进程。

综上所述，我们的判断：基于人均GDP的衡量，中国处于工业化的中期靠后期的阶段，但由于GDP在很大程度上其统计数据是虚高的，且还包含通货膨胀的因素，因此采用人均GDP来衡量会高估中国的工业化水平；从三次产业的产值份额来衡量，2013年底，中国已经完成工业化，迈入后工业化时期；从三次产业的就业份额来衡量，中国处于工业化中期的后期阶段，正在向工业化后期迈进；从城镇化率来衡量，中国刚迈入工业化的中期阶段，但我们提到过，中国的特殊国情造成了城镇化水平严重滞后于整体的工业化进程，因此，综合来判断，中国目前应该处于工业化中期向后期过渡的阶段，正在迈入工业化后期阶段，或者我们使用厉以宁的表达方法更加确切，即我国正处于经济发展的转型期①。

三、关于中国国际贸易发展历程的总体描述

中国自改革开放以来，对外开放程度不断提高。1985年中国年进出口总值仅为695亿美元，2011年达到36418.6亿美元，而在2013年中国进出口总额首次突破4万亿美元，扣除汇率因素，同比增长7.6%，比2012年提高1.2个百分点，超越德国成为全球第一大贸易国。

我们在表3-2和表3-3中分别给出了中国1980—2012年间按商品类别划分的进口及出口产品的比例，图3-4绘出了这些年间进出口的初级产品、工业制成品所占比例的变动趋势。从表3-2、表3-3的数据及图3-3可以看到中国的出口产品结构的变化趋势。20世纪80年代，中国的出口主要以初级产品为主，1980年，中国的初级产品的出口额占总出口额的50.3%，工业制成品只占49.7%，到1995年，初级产品的出口份额降低到14.4%，而工业制成品的上升到85.6%，到2012年，初级产品的出口份额降低到4.9%，而工业制成品的上升到95.1%，其中按原料分类的制成品逐渐下降，由1980年的22.1%下降至2012年的16.3%，而机械及运输设备一些资本技术密集型工业制成品逐渐上升，由1980年的4.7%上升至2012年的47.1%，可见，中国的出口结构在逐渐合理化和优化。再来看中国的进

① 详见厉以宁《中国经济双重转型之路》，2013年11月，北京，中国人民大学出版社。

口结构变化情况，中国的进口结构自1980年以来比较稳定，工业制成品在进口总额中的比重一直维持在65%以上，很多年份都在80%以上，其中机械及运输设备发展比较快，2003年达最高，占进口总额的46.7%，虽然后来有所回落，也都保持在35%以上，低技术产品进口比重下降，高技术产品比重逐渐增加，表明中国的一般加工化的国产能力的提高，对国外中低技术产品依赖程度下降，也表明中国产业结构的不断优化升级，对国外先进技术和成套设备的需求不断增加。反映了中国这些年对外贸易的发展主要是依靠工业制成品、加工品，目前中国经济仍然处于工业化发展阶段，制造业作为中国出口产品的重要组成部分，其出口占中国总出口的90%甚至以上。制造业作为国民经济的主体和支柱性产业，对于中国的经济发展具有重要的推动作用。2008年全球金融危机爆发后，世界各国的对外贸易受到影响，出口绝对总额都有下降趋势，中国的出口额虽略有下降，但在全世界出口额中却名列前茅。

表3-2 1980—2012年间中国出口细分产品结构变动 (%)

年份	初级产品	0类	1类	2类	3类	4类	工业制成品	5类	6类	7类	8类	9类
1980	50.3	16.47	0.43	9.44	23.62	0.33	49.7	6.2	22.1	4.7	15.7	1.1
1981	46.6	13.29	0.27	8.86	23.75	0.40	53.4	6.1	21.4	4.9	16.9	4.1
1982	45.0	13.00	0.40	7.40	23.80	0.40	55.0	5.4	19.2	5.7	16.6	8.1
1983	43.3	12.80	0.50	8.50	21.00	0.50	56.7	5.6	19.7	5.5	17.1	8.8
1984	45.7	12.40	0.40	9.30	23.10	0.50	54.3	5.2	19.3	5.7	18.0	6.1
1985	50.6	13.90	0.38	9.70	26.08	0.49	49.4	5.0	16.4	2.8	12.7	12.5
1986	36.4	14.38	0.38	9.40	11.90	0.37	63.6	5.6	19.0	3.5	16.0	19.4
1987	33.6	12.12	0.44	9.26	11.52	0.21	66.5	5.7	21.7	4.4	15.9	18.7
1988	30.3	12.40	0.50	8.90	8.30	0.20	69.7	6.1	22.1	5.8	17.4	18.3
1989	28.7	11.70	0.60	8.00	8.20	0.20	69.7	6.1	20.7	7.4	20.5	16.6
1990	25.6	10.64	0.55	5.70	8.43	0.26	74.4	6.0	20.3	9.0	20.4	18.7
1991	22.5	10.05	0.74	4.85	6.61	0.21	77.5	5.3	20.1	9.9	23.1	19.0
1992	20.0	9.78	0.85	3.70	5.53	0.16	80.0	5.1	19.0	15.6	40.3	0.0
1993	18.2	9.15	0.98	3.33	4.48	0.22	81.8	5.0	17.9	16.7	42.3	0.0
1994	16.3	8.28	0.83	3.41	3.36	0.41	83.7	5.2	19.2	18.1	41.3	0.0
1995	14.4	6.69	0.92	2.94	3.58	0.31	85.6	6.1	21.7	21.1	36.7	0.0
1996	14.5	6.77	0.89	2.68	3.93	0.25	85.5	5.9	18.9	23.4	37.4	0.0
1997	13.1	6.06	0.57	2.29	3.82	0.35	86.9	5.6	18.8	23.9	38.6	0.0

续表

年份	初级产品	0类	1类	2类	3类	4类	工业制成品	5类	6类	7类	8类	9类
1998	11.2	5.72	0.53	1.92	2.82	0.17	88.8	5.6	17.7	27.3	38.2	0.0
1999	10.2	5.36	0.40	2.01	2.39	0.07	89.8	5.3	17.1	30.2	37.2	0.0
2000	10.2	4.93	0.30	1.79	3.15	0.05	89.8	4.9	17.1	33.1	34.6	0.1
2001	9.9	4.80	0.33	1.57	3.16	0.04	90.1	5.0	16.5	35.7	32.7	0.2
2002	8.8	4.49	0.30	1.35	2.59	0.03	91.2	4.7	16.3	39.0	31.1	0.2
2003	7.9	4.00	0.23	1.15	2.54	0.03	92.1	4.5	15.7	42.8	28.8	0.2
2004	6.8	3.18	0.20	0.98	2.44	0.02	93.2	4.4	17.0	45.2	26.4	0.2
2005	6.4	2.95	0.16	0.98	2.31	0.04	93.6	4.7	16.9	46.2	25.5	0.2
2006	5.5	2.65	0.12	0.81	1.83	0.04	94.5	4.6	18.0	47.1	24.6	0.2
2007	5.0	2.52	0.11	0.75	1.63	0.02	94.7	4.9	18.0	47.3	24.3	0.2
2008	5.4	2.29	0.11	0.79	2.22	0.04	94.6	5.5	18.3	47.1	23.5	0.1
2009	5.3	2.72	0.14	0.68	1.70	0.03	94.7	5.2	15.4	49.1	24.9	0.1
2010	5.2	2.61	0.12	0.74	1.69	0.02	94.8	5.6	15.8	49.5	23.9	0.1
2011	5.3	2.66	0.12	0.79	1.70	0.03	94.7	6.0	16.8	47.5	24.2	0.1
2012	4.9	2.54	0.13	0.70	1.51	0.03	95.1	5.5	16.3	47.1	26.1	0.1

注：此处按照SITC分类方法进行分类，0类为食品及活动物，1类为饮料及烟类，2类为非食用原料，3类为矿物燃料、润滑油及有关原料，4类为动植物油、脂及蜡，5类为化学制品及有关产品，6类为按原料分类的制成品，7类为机械及运输设备，8类为杂项制品，9类为未分类的商品，下表同。数据来源《中国统计年鉴2013》。

表3-3　1980—2012年间中国进口细分产品结构变动　（%）

年份	初级产品	0类	1类	2类	3类	4类	工业制成品	5类	6类	7类	8类	9类
1980	34.8	14.6	0.2	17.8	1.0	1.2	65.2	14.5	20.8	25.6	2.7	1.7
1981	36.5	16.4	1.0	18.2	0.4	0.5	63.5	11.9	18.3	26.6	2.5	4.1
1982	39.6	21.8	0.7	15.6	1.0	0.5	60.4	15.2	20.3	16.6	2.5	5.8
1983	27.2	14.6	0.2	11.5	0.5	0.4	72.8	14.9	29.4	18.6	3.6	6.3
1984	19.0	8.5	0.4	9.3	0.5	0.3	81.0	15.5	26.7	26.4	4.3	8.1
1985	12.5	3.7	0.5	7.7	0.4	0.3	87.5	10.6	28.2	38.4	4.5	5.8
1986	13.2	3.8	0.4	7.3	1.2	0.5	86.8	8.8	26.1	39.1	4.4	8.5

续表

年份	初级产品	0类	1类	2类	3类	4类	工业制成品	5类	6类	7类	8类	9类
1987	16.0	5.7	0.6	7.7	1.3	0.8	84.0	11.6	22.5	33.8	4.4	11.8
1988	18.3	6.3	0.6	9.2	1.4	0.7	81.8	16.6	18.8	30.2	3.6	12.6
1989	19.9	7.1	0.3	8.2	2.8	1.5	80.1	12.8	20.8	30.8	3.5	12.2
1990	18.5	6.3	0.3	7.7	2.4	1.8	81.5	12.5	16.7	31.6	3.9	16.9
1991	17.0	4.4	0.3	7.8	3.3	1.1	83.0	14.5	16.4	30.7	3.8	17.5
1992	16.4	3.9	0.3	7.2	4.4	0.7	83.6	13.8	23.9	38.9	6.9	0.0
1993	13.7	2.1	0.2	5.2	5.6	0.5	86.3	9.3	27.4	43.3	6.2	0.0
1994	14.3	2.7	0.1	6.4	3.5	1.6	85.7	10.5	24.3	44.5	5.9	0.6
1995	18.5	4.6	0.3	7.7	3.9	2.0	81.5	13.1	21.8	39.9	6.3	0.5
1996	18.3	4.1	0.4	7.7	5.0	1.2	81.7	13.0	22.6	39.4	6.1	0.5
1997	20.1	3.0	0.2	8.4	7.2	1.2	79.9	13.6	22.6	37.1	6.0	0.6
1998	16.4	2.7	0.1	7.6	4.8	1.1	83.6	14.4	22.2	40.5	6.0	0.5
1999	16.2	2.2	0.1	7.7	5.4	0.8	83.8	14.5	20.7	41.9	5.9	0.8
2000	20.8	2.1	0.2	8.9	9.2	0.4	79.2	13.4	18.6	40.8	5.7	0.7
2001	18.8	2.0	0.2	9.1	7.2	0.3	81.2	13.2	17.2	43.9	6.2	0.7
2002	16.7	1.8	0.1	7.7	6.5	0.6	83.3	13.2	16.4	46.4	6.7	0.5
2003	17.6	1.4	0.1	8.3	7.1	0.7	82.4	11.9	15.5	46.7	8.0	0.3
2004	20.9	1.6	0.1	9.9	8.6	0.8	79.1	11.7	13.2	45.0	8.9	0.3
2005	22.4	1.4	0.1	10.6	9.7	0.5	77.6	11.8	12.3	44.0	9.2	0.3
2006	23.6	1.3	0.1	10.5	11.2	0.5	76.4	11.0	11.0	45.1	9.0	0.3
2007	25.4	1.2	0.1	12.3	11.0	0.8	74.6	11.2	10.8	43.1	9.2	0.3
2008	32.0	1.2	0.2	14.7	14.9	0.9	68.0	10.5	9.5	39.0	8.6	0.4
2009	28.8	1.5	0.2	14.1	12.3	0.8	71.2	11.1	10.7	40.5	8.5	0.3
2010	31.1	1.5	0.2	15.2	13.5	0.6	68.9	10.7	9.4	39.3	8.1	1.3
2011	34.7	1.7	0.2	16.3	15.8	0.6	65.3	10.4	8.6	36.2	7.3	2.8
2012	34.9	1.9	0.2	14.8	17.2	0.7	65.1	9.9	8.0	35.9	7.5	3.8

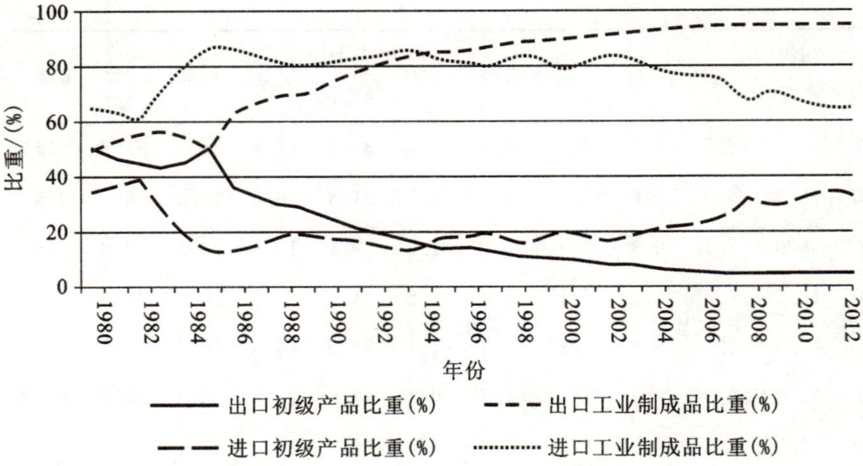

图 3-4　1980—2012 年间中国进出口产品构成变化趋势

四、中国产业结构变迁的内生驱动力

中国产业结构是在中国特定的制度和技术下，由一定分工格式下的生产方式决定的。当前的产业结构是由推动中国经济增长的各种驱动力以及居民收入、消费、就业格局本身塑造的。从静态角度来看，中国经济结构又是宏观经济增长的产物，是中国经济发展过程中的一个重要特征表现，也是中国经济成果的一个重要标志。如果从动态角度来看，产业结构构成了下一个阶段经济发展的起点，因此，产业结构与经济发展是密切联系的，是经济发展的必然表现形式。那么"收入效应"、"相对价格效应"这两种传导机制在我国具体直接的表现是什么？总结已有文献，很多学者对影响产业结构变迁的直接具体因素进行了分析，其中主要的因素包括政府行为(特别是地方政府行为)、外商直接投资(FDI)、对外贸易、技术选择、经济增长速度、技术创新、人力资本等几个方面。下面对这几个方面进行简单梳理。

(一) 外商直接投资与产业结构变迁

投资能形成现实需求，这是投资能影响产业结构的一个重要原因。影响产业结构的最直接原因是投资于产业的资金分布，由于 FDI 是区域经济中的固定资产投资的中坚力量，所以它的投资方式和方向能很大程度影响东道国的产业结构。FDI 的引进不但能缓解东道国当地的建设资金的不足，还能带来国外比较前沿的生产技术和较高的人力资源开发能力及合理的管理能力，这便能够通过提高生产效率和生产技术从而间接上促使了产业结构的高度化，使东道国的产业结构较快地向服务经济演进。

Marusen(1999)认为跨国公司对发展中国家的投资能促进被投资国的产业发展和结构升级,较快实现工业化。郭克莎(1999)分析了FDI在中国三大产业的分布,得出了FDI对中国产业结构的影响,FDI对工业和服务业部分行业的倾斜加快了中国工业化的进程,助长了居民消费工业品的扩张和技术密集型产业的发展。不过也有反对的方面,江小涓(2008)就认为产业结构的变迁主要是依据自身的发展规律,外界的影响不能起到决定性作用,FDI对中国产业结构的变迁影响并不明显。李元旭和谭云清(2010)的研究认为,由于FDI属于全球垄断资本的一部分,它能够通过外包的方式促进发展中国家的产业升级。王静(2014)使用中国30个省(市)在1999—2009年间的市场化指数作为门限变量,产业结构的代理变量选用的是第三产业的产值占GDP的比重,实证分析了FDI的进入程度对中国各省的产业结构变迁的门限效应,得到的结论是市场化程度越高,FDI对产业结构的优化升级促进作用越大。杨安(2013)从关联效应和传导机制两个方面研究了FDI对一国产业结构升级的影响机理,得到的结论是,FDI的引入能够带来市场竞争,通过政府的引导规范,从产业结构的高效化、高度化和合理化来促进产业结构的变迁。李慧(2009)认为中东欧转型期的国家在经济全球化发展的背景下,经历的大规模FDI的流入,为其产业结构的变迁提供了重要的资本,从产出结构、就业结构和贸易结构上来影响这些国家的产业结构变迁,具体来说,FDI的流入通过流向部门的分布来提高服务业的产出比重和就业比重,降低制造业的产出比重和就业比重,进而促进这些国家产业结构的升级。

(二)对外贸易与产业结构变迁

在当今这样一个开放世界,任何一个国家都不可能独立于世界之外而发展经济,那么,各国的产业结构是否会受到对外贸易的影响?Kuznets吸收了Clark和Hoffman的研究成果之后,进一步研究了各国的经济发展历史,并且分析了经济数据,更加深入地研究了各国的各产业部门的产值结构以及就业结构的变迁,进而得到结论:各国的经济发展是相互联系的,一个国家的经济和产业结构与其他国家之间是互相影响的。因而,一个国家的经济增长及产业结构演变还应考虑到国际因素。他还从各国经济增长的路径出发,初步研究了两国之间经济相互作用的机制。还有一些文献评论对外贸易对产业结构变迁的影响,主要是基于比较优势理论。Torrens对国际贸易理论的表述被公认为是对对外贸易理论的最早论述。Ricardo(1817)在他的著作《政治经济学及赋税原理》中形成了较为完善的对外贸易理论基础,该理论经过约翰·穆勒、马歇尔和埃奇沃思等人的发展和完善,形成了比较优势理论。Matsuyama(1992,2009)、Yi和Zhang(2010)、Betts等(2011)、Sposi(2012)、Teignier(2012)、Timothy(2013)等均使用比较优势理论对不同国家的产业结构变迁进行了研究。Matsuyama(1992,2009)使用比较优势理论得到了制造业具有比较优势的国家在制造业部门的就业份额出现先上升后下降的“驼峰”走向。Betts 等(2011)、Sposi(2012)、Teignier(2012)、Timothy(2013)都对韩国产业结构变迁进行了研究，Timothy(2013)使用比较优势理论，通过参数校准和反事实实验得到韩国具有制造业部门就业份额的“驼峰”趋势，这极大地吻合了该国产业结构变迁的实际情况。

另外一个对外贸易影响产业结构变迁的理论称为“雁行模式”，它是由日本经济学家 Kaname Akamatsu 在 20 世纪 30 年代提出的，“雁行模式”的核心是动态产业转移理论，主要目的是说明发展中国家的产业发展模式是一种“赶超式”的，并且说明了发展中国家在参与国际分工过程中实现该国的产业结构高度化。中国人民大学宏观经济分析与预测课题组(2013)认为中国因为自身的劳动成本低、经济规模以及改革开放之后的政策和制度等方面的优势，再加上 2001 年加入 WTO 后世界经济给中国带来的全方位影响，使中国成为新一轮国际产业转移的最大流入地，这些促进了中国的工业化进程。

（三）技术选择与产业结构变迁

技术选择主要是针对发展中国家提出来的，是指决策者为了实现一定的经济、技术和社会目标，在综合考虑系统内外客观因素的制约基础上，对各种技术路线、技术方针、技术措施和技术方案进行分析比较，最后选取最佳方案的过程。发展中国家可以通过沿袭发达国家的工业化过程来加速本国工业化发展，从而缩短它们与发达国家之间的距离。发展中国家在引进发达国家技术时的原则是什么、如何利用本国现有资源是政府和企业需要慎重考虑的。如果不顾本国资源禀赋基础和技术条件的限制，盲目追求最新技术，不但难以有效吸收、利用，还容易造成资源浪费和经济效率低下。林毅夫在关于经济发展及产业结构方面的论述中认为，当今世界上一些发展中国家，像印度、苏联等都没能成功缩小与发达国家的差距，是与其国家的发展战略有关的。这些国家有的实行“赶超战略”，没能根据自身的要素禀赋结构发展该国产业，造成资源配置扭曲与效率低下，而以“亚洲四小龙”为代表的中国香港、中国台湾、新加坡、韩国，从 20 世纪 60 年代短短几十年间完成了工业化，经济结构发生重大变化：韩国的农业产值在该国 GDP 中的比重在 1961 年为 47.4%，1985 年下降至 15%，工矿业 1961 年的比重为 16.5%，1985 年增加至 33.4%；中国台湾的农业比重在 1952 年为 35.7%，1978 年下降至 12.1%，工业比重 1952 年为 17.9%，1978 年升至 40.3%；中国香港和新加坡从转口港转变为以工业为主的城市。主要原因在于这些国家利用了本国的比较优势，企业从较发达国家引进适合本国发展的先进技术，进而带来产业结构的升级。李飞跃(2012)建立了一种产业结构变迁模型，该模型引入政府对技术选择的干预，发现一个国家政府对技术选择的干预能够通过影响要素的相对生产率来影响要素的相对价格，进而影响各部门之间的要素配置，最后引起该国的产业结构变迁。

黄茂兴和李军(2009)建立了技术选择、经济增长和产业结构变迁的模型，分析了三者之间的内在关系。文献以中国1991—2007年间31个省市的面板数据进行实证检验，得到可以通过技术选择合理的资本深化，来促进产业升级、提高劳动生产率，进而实现经济快速增长的结论。薛继亮(2013)利用中国2003—2011年间的数据，实证研究了技术选择对产业结构变迁的作用机理，得到如下结论：中国经济结构变迁伴随着技术选择的适宜性越来越高，反过来合适的技术选择也会较大地推进产业结构变迁，在目前中国总体要素禀赋不够高的情况下，适宜的技术选择将会让中国的人口和资源红利发挥效用，并促使中国的结构变迁处于一个持续的动态过程，为中国尽早完成工业化过程起到推动作用。

(四) 技术创新与结构变迁

Joseph(1926)在他的《经济发展理论》中，第一次提到创新理论，在1942年的《资本主义、社会主义与民主》中，又提出创新其实是对产业有"创造性破坏"作用的一种力量。傅家骥曾说："没有技术创新，就没有产业结构的演变；没有产业结构的演变就没有经济的持久增长。"①他认为，技术创新是影响产业升级和结构变迁的核心因素。孙军(2008)从需求的角度出发，对技术创新和产业结构变迁做出理论与实证上的分析，结论如下：当需求空间有限的时候，技术创新能力不足，此时经济增长会停滞，同时导致产业结构停止演变。

第二节　产业结构变迁的国际经验

一、美国经验

(一) 美国产业结构变迁历史分析

1870年，美国农业就业份额为51.5%，到1890年下降为40.6%，1920年继续下降为25.6%。我们再从总体上来看美国三次产业的产值份额变化，在1880年时，农业还是美国的主要收入来源，10年后，工业上升到第一位，产值超过农业的3倍。图3-5和图3-6分别给出了美国1950—2009年间部分年份三次产业的产值份额和1900—2013年间部分年份三次产业的就业份额②。从三次产业的产值份

① 傅家骥．技术创新学[M]．北京：清华大学出版社，1998.

② 数据来源于OECD。

额和就业份额的变化趋势可以看出这些年间美国产业结构的演变情况。

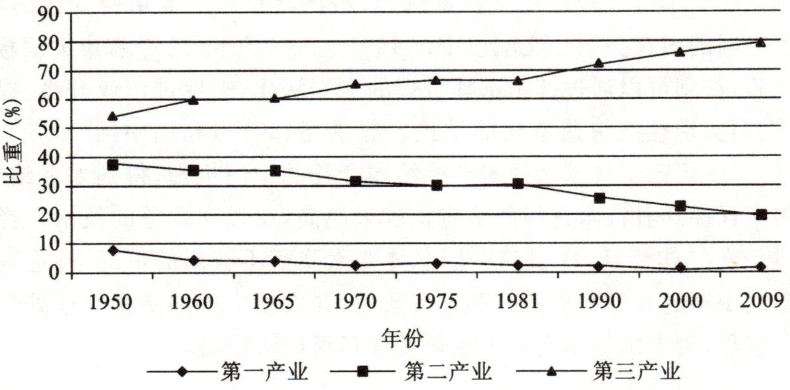

图 3-5　美国 1950—2009 年间三次产业的产值份额变化趋势

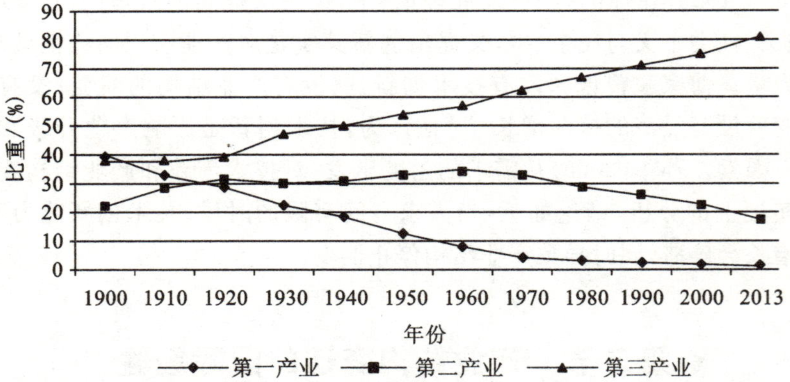

图 3-6　美国 1900—2013 年间三次产业的就业份额变化趋势

总结美国自 19 世纪中后期以来三次产业产值的变迁历史，我们发现美国产业结构的变化是符合产业结构变迁的一般规律的，即这样一个逐步高级化的过程：最初是以农业为重心，接着是工业，随着经济的进一步发展，经济便以服务业为重心。大致经历了三个时间段：第一个阶段在 1880 年以前，在美国国民生产总值中占主导地位的是农业，份额都超过了 50%；第二个阶段在 19 世纪 80 年代到 20 世纪上半期，工业部门的产值份额开始大幅提高，上升到 40%以上，与此同时，农业部门产值份额迅速下降，低至 10%甚至以下，服务业的产值份额变化很小，在 30%～45%之间波动；第三个阶段在 20 世纪 50 年代以后，此时美国已经基本完成了工业化，发生较大变化的是服务业，其产值开始超过工业，达到 50%以上的水平，工业产值水平下降到 40%以下，农业在 10%以下的较低水平小幅下降。

再来看美国三次产业就业结构的变化历程。就业结构也是反映产业结构变化的一种形式，美国的三次产业就业的变化大体是劳动力由农业流向工业和服务业。在美国建国初期，其整体生产力水平是比较低的，这个时期农业生产占据了国民活动的较大部分，农业部门集聚了大部分的劳动力，随着经济的发展，农业部门就业份额开始下降，工业部门就业份额稳定在30%～40%之间，自19世纪60年代起，一方面由于技术的飞快进步和人们需求层次的不断提高，另一方面由于美国的市场制度和政府实行自由就业的政策，美国工业部门的就业份额开始下降，服务业部门的就业份额大幅上升，2013年，服务业部门的就业份额突破了80%。

（二）国际贸易与美国产业结构变迁

1. 国际贸易对美国产业结构变迁的影响

国际贸易助推了美国经济的发展，也促进了美国的产业结构变迁。全球化的生产模式为美国产业结构向高级化演进奠定了基础，产业转移调整着美国在国际贸易中的国际分工。图3-7显示了美国国际贸易整体变化趋势及国际分工变化情况，其中国际分工是用货物净进口与服务净出口之和与GDP的比值来衡量的，可以看到这个值这些年间一直为正且稳中有升，说明了美国这些年主要处于货物贸易的逆差和服务贸易的顺差状况。

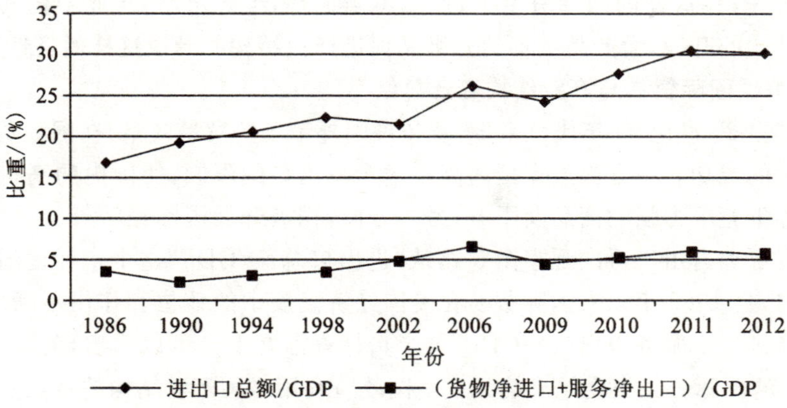

图3-7　美国国际贸易整体变化趋势

第一，美国的外贸政策促进了本国新兴主导产业的繁荣。1993年，美国实施了“国家出口战略”，取消冷战时期限制出口高科技产品的措施，同时确定了本国的六大重点出口产业为半导体、计算机、通信、环境保护、咨询软件工业和服务业，这使得本国具有竞争优势的知识密集型产品在世界市场上得以推广，高技术产品能够快速商品化，这些都促进了美国技术密集型产品的出口，助推了高科技产业的繁荣。

第二，美国的对外贸易格局随经济的发展和产业结构的变迁发生着变化，使得本国的资源在各产业之间能更有效地配置。美国的货物贸易，以高新技术产业产品为主，美国主要以信息化、科技化产品的出口为主。例如，美国的英特尔处理器和微软软件在全球的计算机硬件和软件市场占据着较大份额。而诸如轻工业（像服装、食品和钟表），以及重工业产品（像造船、水泥、通用机械和石化）等，因为它们具有较严重的污染特性及附加值也比较低，因此美国主要从发展中国家进口。美国与发展中国家建立起了垂直的国际产业分工体系，这样本国的资源就集中起来发展高科技产业，产业结构得以迅速高级化。

第三，国际贸易还通过“产品循环”来对美国的产业结构演进产生影响。“产品循环”主要包括四个阶段。第一个阶段是研发新产品的阶段，在这个阶段，国内市场得以推广和扩大，最终达到国内市场饱和的状态，这样便到了第二个阶段，国内市场饱和后，国内的产品便出口至国外，开拓国外的市场，于是开始了第三个阶段——打开国外市场，国外市场打开之后，这种产品的资本和技术便出口至国外，再结合进口这些资本和技术的国家的廉价劳动力和资源，从而形成该产品在国外的生产；最后是第四个阶段，由于进口国已经具有了生产这种产品的能力，便以低廉的价格出口给美国，于是美国国内的企业便可以放弃生产这种产品而把人力资本和资源用来开发新的产品。这样，美国通过国际贸易得以和世界上其他国家形成交流合作，在这样的国际分工下，产品不断循环，推陈出新，产业结构的升级推动产品结构的升级，而产品结构的升级又促进产业结构的升级这样的良性循环。

2. 美国国际贸易与产业结构变迁总结

美国自 20 世纪 90 年代以来，本着拓展国外市场的贸易政策，在国际贸易中取得了极大的成功。一方面放宽国内高技术产品出口的限制，使国内的高科技转变为在世界上竞争力强的商品及服务；另一方面，积极开展国际经济外交活动，使贸易及投资更加自由。再次观察图 3-7，从“进出口总额/GDP”这个指标逐渐在上升可以看出，自 1986 年以来国际贸易在美国经济发展中的地位和作用不断增大；从“（货物净进口＋服务净出口）/GDP”这个指标逐渐在上升可以看出，美国参与“制造-服务”的国际分工力度越来越大。美国政府利用本国产业结构的特点及生产优势的特点参与国际分工，对于低附加值、低技术含量的制造业产品进口大于出口，制造业产品贸易逆差越来越大，而服务贸易刚好相反，出现净出口越来越大的趋势，对外贸易顺差越来越大，可以看出美国参与国际分工是有利于本国产业结构向服务经济演进的。在经济全球化的背景下，一方面，美国从各国大量进口廉价的生活必需品来满足国内居民的生活需求，同时降低了国内的通货膨胀水平，对原材料及一些工业品零件的廉价进口加强了美国的一些产业在国际市场上的竞争力；另一方面，美国向世界各国出口的商品则是该国最新开发研制的新型产品，需要高科技的支撑，具有高附加值的特点，新型产品的大量出口为国内的新兴产业提供了巨大的市场，吸纳了由于产业转型升级导致的大量剩余的劳动力，于是降低了国内的失业率。

二、日本经验——赶超型的产业结构变迁

(一) 日本产业结构变迁历史分析

日本自第二次世界大战至今，三大产业部门在该国整体国民经济中所处的地位随着经济的发展经历着质的变化，这种变化通过三次产业产值在国民生产总值的比例以及三次产业在整体就业中的比例表现出来。图 3-8 所示的为 1956—2012 年日本三次产业的就业份额变化趋势图，图 3-9 所示的为 1970—2009 年日本三次产业的增加值份额变化趋势图，我们可以先从整体上看一下日本三大产业变迁趋势。可以看到，日本三次产业结构的变迁符合三次产业变迁规律。1956 年，日本农业、工业、服务业的就业比例分别为 36%、25.5%、38.5%，到 2012 年，这三个数据分别为 3.8%、25.9%、70.3%，到 1970 年，三次产业的增加值比例分别为 6%、44.1%、49.9%，在此后的 40 年里，农业的地位迅速下降，工业的地位缓慢下降，服务业的上升迅速，到 2009 年，三次产业的增加值比例分别为 1.4%、27.1%、71.5%，当今的日本早已经步入信息社会。

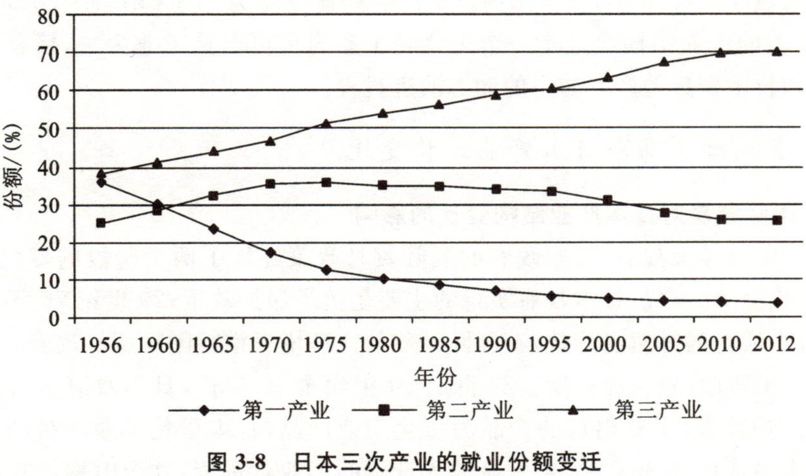

图 3-8 日本三次产业的就业份额变迁

日本的产业结构分别经历了 20 世纪 40 年代中期至 50 年代中期的经济恢复时期的产业结构转换。1945 年，日本三次产业的比重为 17.8∶40.5∶41.7，1949 年，日本确定了国内“四大基干产业”为煤炭、钢铁、电力和造船，到 1955 年，日本三次产业的比重已经转变为 18.1∶21.2∶60.7，这一时期产业结构主要是从以军事重工业为主转变为以农业和轻工业为主；接着是 20 世纪 50 年代中后期至 70 年代初的经济高速增长时期的产业结构重工业化时期，1972 年，日本三次产业的比重变为 5.0∶36.4∶58.6，其中重化工业在制造业中的比例为 62.2%，达到顶峰，

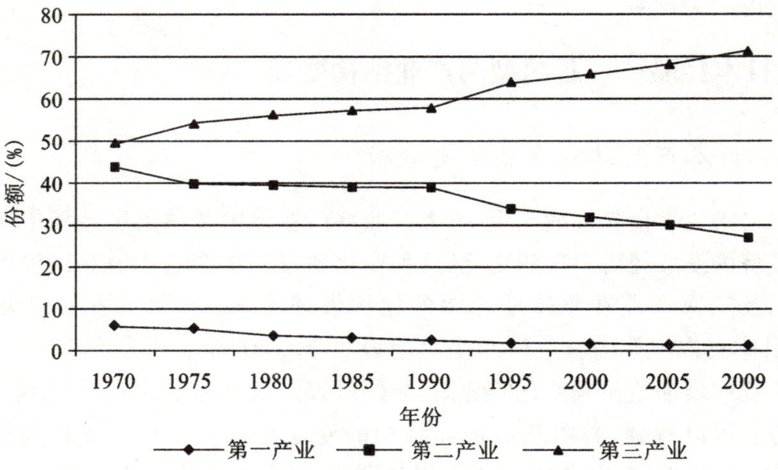

图 3-9　日本三次产业的增加值份额变迁

标志着日本重工业化的完成，之后，日本进入后工业化阶段；20 世纪 70 年代至 80 年代是日本的知识密集型产业形成时期，到 1989 年，日本三次产业的比重变为 2.6∶37.4∶60.0；20 世纪 90 年代至今是日本以创新型知识密集产业为主导的产业结构形成期。2000 年，日本国内三次产业的比重变为 1.3∶27.9∶70.7。概括来说，日本的产业结构变迁是一个先以轻工业为主再以重工业为主，接着转变为以资本和技术密集型产业为主的动态演进过程。

（二）国际贸易与日本产业结构变迁

1. 国际贸易对日本产业结构变迁的影响

第二次世界大战后，日本政府的国际贸易政策经历了两个阶段的变化：20 世纪 50 年代至 70 年代，日本政府实行的主要是贸易保护政策；20 世纪 70 年代中期至今，日本实行的是贸易开放，在国际开放的大环境下推行国际贸易政策。

第一个阶段：贸易保护期。20 世纪 50 年代至 70 年代，日本政府实行的主要是贸易保护政策，主要出口的产品为重化工业产品，日本重化工业产品的出口拉动了日本经济的迅速发展，大大促进了日本的工业化进程，这个时期的日本虽然对外贸易发展迅速，但其贸易体制仍是高度保护的状态，以 1960 年为例，该国的贸易自由化程度只有 41%。迫于西方发达国家的压迫和抗议，日本开放程度逐渐升高，1965 年，日本不再限制汽车的进口，受到进出口限制的商品逐渐减少。

第二阶段：贸易开放阶段。自 20 世纪 70 年代，日本实行贸易自由化。这个时期，出口的主导产品由重化工业产品转变为知识技术密集型机械类产品，并采取渐进的方式，在传统比较优势基础上培育新的比较优势。

2. 日本国际贸易与产业结构变迁总结

由上面的分析可以看到，战后日本的国际贸易战略在极大程度上促进了经济的发展，通过优化进出口产品的结构，发挥已有的比较优势，采取渐进式的方式培育新的比较优势，这样原有的比较优势和新的比较优势交叉进行，使得其在各个时期都能从国际贸易中获利。为了适应国际市场的变化，日本在不同阶段使用不同类型的产品发挥出口的主导作用。20 世纪 50 年代发挥出口主导作用的主要是劳动密集型的轻纺产品；随着工业化进程的发展，20 世纪 60 年代在出口贸易中占主导作用的是资本密集型的产品；到了 20 世纪 70 年代，随着日本重化工业进程的结束，在出口贸易中占主导地位的产品发生了转变，知识技术密集型的机械类产品取代了资本密集型的重化工业产品，这反映了日本国内产业结构逐步高级化，国内产业以知识、技术密集型产业为主的高附加值产业为主导产业，同时，反映了国际贸易对日本经济的增长和产业结构的演进都起到了重要的促进作用。

三、韩国经验——体制创新型产业结构变迁

（一）韩国产业结构变迁历史分析

20 世纪 60 年代以来，韩国从一个原本落后的农业国迅速成为一个新兴的工业化国家，下面将韩国产业结构的变迁历史进行简单总结。

从战后到 1953 年，朝鲜半岛产业结构基本处于停滞，制造业在 GDP 中的比例为 7%，农林水产业几乎占一半，为 47%，朝鲜半岛分裂后，韩国基本上是一个农业国；20 世纪 50 年代至 60 年代，韩国以内向型经济发展为主，进口替代阶段，这一时期的韩国，还属于农业国家，农林水产业占 GDP 的 45%，工业只占 12%，而就业中的比例更加显示了这一时期农业在韩国的主导地位，从事农林水产业的人口占 63%，从事工矿业的人口仅占 8.7%；20 世纪 60 年代至 70 年代之间，韩国的对外贸易战略从进口替代变成了出口导向；到了 20 世纪 70 年代初，韩国开始实行重化工业化，这段时期一直持续到 1980 年。在这一期间，韩国的重化工业化率增加迅速，1976 年重化工业化率为 45.6%，在出口中所占比例为 29.8%，1981 年重化工业化率增加到51.8%，在出口中所占比例增加到 45.3%。20 世纪 60 年代，出口产品品种主要以轻工业产品为主，到 20 世纪 70 年代，升级成为钢铁等重化工业制品。再有，重化工业部门在 GDP 中的比重也迅速增加，1970 年为 11.9%，1975 变成 20.9%，1983 增加到 27.9%。产业的升级不但促进了韩国经济的高速发展，韩国的工业结构也随着发生了变化，其中轻工业的比重迅速下降，同时重工业的比重明显上升。进入 20 世纪 80 年代，韩国以技术密集型的产业发展为主。在这一期间，韩国政府的对外贸易战略为出口导向，国内的发展战略是以劳动和资本密集型产业为主逐步向技术和知识密集型产业转化，在这期间，电子产品、汽车和半

导体逐步成为韩国的主要工业。

可见，韩国政府根据国内外经济环境的变化，调整本国产业政策，产业结构的演变符合一般规律：从农业占主导地位向“以轻工业为主”的产业结构转变，这一阶段发生在独立后初期到20世纪60年代；进入20世纪70年代，产业又调整为以钢铁、化学、非铁金属、电子、造船、机械等资本密集型产业为主；20世纪80年代以后，继续升级为以电子产业为中心的技术密集型产业为主。

（二）国际贸易与韩国产业结构转型分析

1. 国际贸易对韩国产业结构变迁的影响

韩国主要采取出口主导型对外贸易战略，以出口带动整个国家经济的发展，贸易的产品主要经历了由劳动密集型产业向资本技术密集型产业的转变。

第一阶段，朝鲜半岛刚分裂时，国内生产处于停滞状态。自20世纪50年代后期开始，韩国政府确定以进口替代为其主要对外贸易政策，以进口替代来促进其工业化进程。以美国援助的物资为原料，大力发展制粉、纤维、制糖，通过这三种产业来积累资金，奠定了物质基础。

第二阶段，20世纪60年代至70年代，韩国政府采取以劳动密集型产业为主的出口导向型贸易战略，这个时期，韩国的经济增长是依靠廉价的劳动力来发展劳动密集型的制造业而实现的，生产并出口的主要是胶合板、纤维、服装等一些劳动密集型轻工业产品，依靠这些推动了韩国工业化的进程。

第三阶段，到了20世纪70年代，随着韩国工业化的进一步发展，韩国出口主导型产业转向重化工业，20世纪70年代后半期以加工贸易产业为主，这主要集中在消耗能源的钢铁、石油、化学、非铁金属和水泥等一些重化工业上。

第四阶段，出口导向阶段（以技术、知识密集型产业为主）。进入20世纪80年代，高科技和知识密集型产业受到世界各国的重视，高新技术产业将成为产业结构的核心，韩国出口产业变成以技术、知识密集型为主的产业。这个阶段的主导产业集中在汽车、电子、半导体、造船及钢铁上。

第五阶段，出口导向阶段（以信息产业为主）。20世纪90年代以后，随着国际分工的深化，各国的技术也经历了飞速的发展，韩国政府将精细化学、计算机、确定精密仪器、产业用电子机械等确定为“战略产业”，给予重点扶持。韩国政府在这一时期还致力于将经济由政府主导型向市场主导型转变，实施以信息产业为主导产业的产业结构调整。

2. 韩国国际贸易与产业结构变迁总结

1980年，韩国的对外贸易依存度[①]为49.75%，虽然之后起起伏伏，但变化都

---

① 此处使用进出口总额与GDP比值来衡量对外贸易依存度。

不是很大，2004 年开始变高，2012 年为 80.94％，这说明了对外贸易在韩国经济发展中的主要作用。出口对韩国国民经济所得率一直维持在 50％～60％较高的比重范围内，出口对韩国国内的就业贡献率在 2000 年为 12.1％，以后逐年增高，2009 年为 14.7％。韩国的工业化带动了产业的高级化，也实现了出口产品结构的优化。更显著的是，韩国重化工业的发展及出口促进了本国的产业结构的高级化，并在最大程度上推动了该国经济的发展。从上面的总结我们可以看到，20 世纪 60 年代的韩国主要发展以纤维为主的劳动密集型产业，以此建立出口工业的基础。20 世纪 70 年代初，工业发展的重点转向资本密集型重化工业，20 世纪 80 年代以后，韩国实现了工业的自主能力和出口能力，这个阶段，韩国重化工业产品的出口超过了 50％，钢铁、机械等重化工业的自给率达到 80％以上，进入 20 世纪 90 年代，重化工业产品的出口达到了 70％，2000 年以后，重化工业产品的出口达到 80％，2010 年，重化工业产品的出口达到 91.2％，最近两年，韩国的重化工业产品的出口竞争力还处于提升阶段。可以看到，韩国随着重化工业的发展，出口产品的结构实现了由劳动密集型向资本密集型和技术密集型的转化，进一步向知识密集型产业的转化，同时，实现了出口加工品向高附加值产品转化。

第三节　国际经验比较总结

从上面关于美国、日本、韩国的产业结构变迁及国际贸易的分析中可以看到，美国是较早实现工业化的国家，与中国的发展背景及历程有很大差别，日本实行了较长时间的贸易保护政策，且以出口重化工业拉动经济增长，而韩国不管是从国际分工中扮演的角色，还是实现工业化的策略也好，抑或是从本国在世界范围内面临的挑战也好，都与中国相似。下面我们重点分析与韩国的这种相似性，并期望能从中获取一些经验。

（一）在国际分工中扮演的角色相似

当美国、欧洲的一些发达国家处于工业化转型期时，韩国经济开始高速发展。因此，这个时期发达国家那些低附加值的产品以及一些产品的低附加值的生产环节逐渐向外转移，由于贸易自由化，逐渐形成了产品内分工，韩国在这样的国际背景下，利用自身具有廉价的劳动力这一优势，在国际分工中扮演了低端制造加工者的角色，承接了发达国家转移制造品出去的需求，正是这样，使得韩国创造了“汉江奇迹”。

（二）实现工业化的战略相似

从前面的分析中可以看到，韩国是从发展轻工业开始实现工业化的。利用从美国等一些发达国家引进来的技术和资金，再加上本国自身拥有的廉价劳动力，先将重点放在组装加工上，将这些工业制成品再出口，从而促进了经济总量的增长，成功实现了资本积累；接着，韩国开始发展那些有后向关联效应的劳动密集型及资本密集型重化工业，如钢铁、汽车、机械等，此时的产业结构便以重工业为主导产业，继续实施出口导向型的战略，并承接国际上发达国家转移下来的产业，推动了家电、汽车等这些组装加工业的发展；进入 20 世纪 90 年代后，韩国开始将发展重点转向技术密集型产业和知识密集型产业。这样的发展历程同中国如出一辙，当前，中国正处于工业化成熟期，并且在推进 IT 产业等技术密集型产业的发展，这同韩国 20 世纪 90 年代相似。

（三）面临的挑战相同

中国当前在世界经济中面临的挑战与当时韩国的是类似的，这源于中国和韩国具有相似的国际分工及相似的出口导向型贸易政策，具体面临的挑战为：第一，发达国家“贸易保护”的胁迫越来越强；第二，还有很多的新兴工业化国家也同中国在国际市场上进行着激烈的竞争；第三，很多发展中国家也存在资源密集型和劳动密集型产业上的优势，这便形成了与中国的激烈竞争，使得中国的比较优势日益减弱。

（四）工业化后期的产业结构变动相似

中国目前处于工业化的后期阶段，产业结构转型系数逐渐变小，产业结构演进近乎停滞，胶着在低端制造业上①，而韩国在进入工业化后期的 15 年之内，同样面临第三产业发展滞后，在 1982 年，韩国第三产业的产值份额为 47%，此后近 10 年，保持这一比例，产业结构被锁定在低端制造业上。韩国成功跨越了“中等收入的陷阱”，走出了依靠制造业出口贡献经济的状态，这对于中国有很好启示。韩国主要的政策有以下几点。

第一，合理的产业政策。为了合理地确定出韩国的主导产业、未来产业和战略产业，该国政府深度分析了本国产业比较优势的变化。为了避免重复建设和重复投资以及生产过剩，政府对企业进行产业合并与互换，将数字电视、智能机器人、未来汽车等作为本国的十大新兴产业，由不同的部门对其负责，负责相关技术研究。这样避免了被锁定于低端制造的环节。

① 这点我们在第五章会有更加详细的分析及介绍。

第二，调整国内需求，成功转变了经济的增长点。在以出口为导向的经济中，韩国政府意识到这样会使国内的经济过分依赖国外经济的变化，于是将本国经济调整为内需带动与出口驱动相结合的发展战略，最终转变了经济增长点。

第三，实行技术立国的方针。在韩国工业化的初期，主要以劳动密集型产业为主，韩国的技术大都从发达国家引进，节约了费用和时间。但进入工业化成熟期以后，由于发达国家的技术保护政策使得引进技术变得十分困难。于是，韩国实施了技术发展规划，加大了研发的投入力度。同时，韩国还采取一系列的税收优惠减免政策来对研发的企业进行优惠奖励，鼓励技术成果市场化和产业化，为产业结构从劳动密集型向技术、知识密集型转变奠定了基础。

第四，教育、培训体制的改革。随着韩国产业结构的高级化，经济向后工业化社会的迈进，产业由劳动密集型向技术、知识密集型的转变，劳动力也在向附加值更高的产业转移，这便需要有更高素质的劳动力去胜任新型产业的工作，于是，韩国政府创建了新的教育培训体制，开展与企业和学校的合作，采用一些手段鼓励企业去建立自己的培训机构去适应企业自身的工作需要。教育方面，韩国政府建立产、学、研相结合的机制，大量投入资金来支持设备的购置及基础设施的建设。

第五，注重服务业的发展。韩国在工业化后期，十分注重生产性服务业和创意文化产业的发展。韩国创意文化产业的发展对韩国的产业结构升级作用也是很大的。从 1997 年开始，韩国便出台一系列的政策为发展文化产业提供法律保障，同时，采取合理的经营理念，优化整合资源，建立文化产业园区，实现文化产业的规模化、网络化和数字化。这一系列的政策促进了韩国的创意文化的发展，促进了韩国产业结构向高级化方向的发展。

以上这些政策对韩国产业结构向高级化的演进铺好了道路，使韩国成功避免了长期处于“低端制造化”状态中，对中国目前的发展也有很好的借鉴意义。

第四章 新常态下中国的产业结构变迁与经济增长

现今，很多国家都步入经济发展的新阶段，中国正处于经济新常态发展阶段，知识经济产业的飞速发展，给我国经济增长和产业结构变迁的方式带来新的特征。本章鉴于现阶段我国产业出现的新特点，重新审视我国经济增长与产业结构变迁之间的关系和特征。为此，本章主要研究我国新常态背景下产业结构与经济增长的关系。首先将投资部门独立出来，建立四部门的动态优化模型；接着从“收入效应”和“价格效应”两种机制分析产业结构变迁的新特征，并使用 Matlab 软件进行数值模拟；最后总结本章的结论、现实含义及进一步的研究空间。需要注意的是，本章暂且没有考虑国际贸易，而是在封闭框架中完成的。

第一节 经济新常态背景下的产业结构新特点

一、产业结构的新特点

经济新常态是调结构稳增长的经济状态。2015 年的“两会”上，政府指出在经济新常态下，要将发展重点放在调整经济结构和产业转型升级上，足可见经济结构对一国经济总体发展的重要影响。但是，如果我们仅以传统的经济学眼光看待“经济转型、产业升级”，将产业升级局限于加工工业进步，将提高“创新力”局限于增加科技因素、加快机器设备更新，那么我们将会错过时代的列车，无法跻身世界经济前列。在当今世界范围内，产业结构的内涵正剧烈地演变，不仅以第一产业为一国经济发展主导产业的农牧时代基本消亡，以第二产业为经济发展支撑的工业时代也渐行渐远，世界上很多发达国家已经步入后工业化时代，知识、信息产业的收入已经在国民总收入中占据着重要份额，处于经济双重转型期的中国，在发展上，经济结构也在实现着从工业化阶段中期向后期的过渡时期。知识经济产业的发展在中国经济发展中正占据着越来越重要的位置，主导产业逐步转向服务业，特别是金融保险服务业、计算机软件信息产业、科技服务业、商务服务业，这些都属于知识和技术密集型产业，它们在我国 GDP 中的比重逐渐增加，将成为我国经济发展的强劲动力。软件产业的发展更是迅速，软件产业作为一种无形的固定资本形成对经济增长起着越来越重要的作用。2013 年全国规模以上软件和信息技术服务业企业达 3.3 万家，共完成软件业务收入 3.06 万亿元，同比增长 23.4%。软件业务收入占电子信息产业比重的 25%，相比 2012 年提高了 2.3 个百分点。软件和信息技术服务业实现利润总额 3830.5 亿元，同比增长 13.8%；上缴税金 1556 亿元，同比增长 32.9%。全行业销售利润率为 9.2%，高于电子信息制造业 4.7 个百分点，高于工业 3.1 个百分点。软件业创造的增加值超过 1 万亿元，占第三产业比重的 4%；软件从业人员 470 万人，占全国城镇就业人员的 1.2%，新增就业人员占全国城镇新增就业人员的 4%。在以美国为标志的发达国家，20 世纪 90 年代以来，经济发展便以 IT 产业为火车头，经济高度知识化和智能化，基本实现了从工业社会向智能社会的转型，率先进入了后工业化社会，我们也将其称为信息时代。而作为典型的知识经济产业的软件产业，是实现这种转型的重要产业。软件产业是信息产业的基础，早在 1997 年，信息产业就占当年美国 GDP 的 7.3%，而软件产业就占到 2.1%，2013 年全球软件规模达 12060 亿美元，占全球 ICT 支出的31.8%，而美国就占到了 27.3%，西欧为 19.5%。近年来，中国信息产业也飞速发展，中国无论是从经济转型、实现新兴工业化道路角度，还是从优化产业结构的角度出发，软件产业都是当前发展的重点。鉴于这些，我们在本章中将以一种新的思想考虑经济增长和产业结构变迁。

二、关于投资的说明

在关于经济增长、产业结构变迁的研究中，不可避免要用到投资（即资本积累，capital accumulation）这个影响固定资本存量的变量。注意，我们此处所说的投资并不是指在一定领域投入资金或事物而获得资金增值或收益的经济行为，而是指在核算 GDP 时，增加或更换资本资产（包括厂房、住宅、机械设备及存货）的支出，一般会出现在关于经济增长动态模型中的动态资本积累表达式中。鉴于中国统计年鉴指标的特性，目前国内很多学者大部分使用的是固定资本形成总额这个指标来代替当年的投资（张军，2004），而在工业社会发展的初期阶段，固定资本形成的主要组成部分是投资完成的住宅、非住宅建筑物和机器与设备（减处置）价值，因此，以往的文献大都设置有投资且主要发生在工业部门[①]（Kongsamut 等，2001；Ngai 和 Pissarides，2007；Dekle 和 Guillaume，2012）。然而，随着近些年经济的飞速发展，世界上很多发达国家已经基本实现了从工业社会向智能社会的转型，率先进入了后工业化社会，而作为典型的知识经济产业的软件产业，是实现这

① 这里的工业部门指的是按照《国民经济行业分类》中的第二产业各部门，另外，下文提到的农业部门便是第一产业各部门，服务业部门指的是第三产业各部门。

种转型的重要产业。计算机软件作为服务产业的一种行业，属于无形的固定资本形式，随着这个行业的飞速发展，投资的结构也随之发生着显著变化——计算机软件所占的份额越来越大，这便意味着在当今经济体中，服务业部门的固定资本形成所占的份额越来越大。但是，我们注意到一个事实，这些文献大都是针对以往工业社会所做出的研究，那么在设置资本动态积累的时候所做出的假设都是假设投资只发生在工业部门，因为在工业化的初期阶段，投资主要是指有形固定资本形成，包括投资完成的住宅、非住宅建筑物和机器与设备（减处置）价值，这些都发生在工业部门，虽然在核算投资时，也有发生在服务业部门的无形固定资本形成，包括矿藏勘探、计算机软件、娱乐和文学艺术品原件等获得减处置的价值，但是这些行业在工业化早期阶段并不发达，只是占固定资本形成总额的很少一部分，例如 Kongsamut 等（2001）就提到在美国 1858—1987 年间，总投资的约 93％是在工业部门生产的，因此他们有理由做出假设：投资只发生在工业部门，但是那是 20 世纪 90 年代以前的社会现实，随着近些年经济的发展，发达国家从工业社会向信息化社会的转型，软件产业的发展更是日新月异，软件产业的收入构成了固定资本形成中的很大一部分。下面以正处于向工业化后期阶段过渡的中国为例，给出中国近些年的数据，如表 4-1 所示。

表 4-1　近年来中国软件产业的发展状况

年份	软件产业收入/亿元	增速/％	占固定资本形成总额的份额/％	占服务业增值的份额/％
2002	1100.06	—	2.6	2.2
2007	5800.10	20.8	5.5	5.2
2008	7572.88	29.8	5.9	5.8
2009	9513.00	25.6	6.1	6.4
2010	13364.02	31.3	7.3	7.7
2011	18467.93	32.4	8.7	9.0
2012	25022.34	28.5	10.3	10.8
2013	30587.00	23.4	11.4	11.7
2014	37040.86	21.1	12.8	12.1
2015	43249.00	16.6	14.3	12.5
2016	48511.00	14.9	15.6	12.6

注：资料来源中国国家统计局网站及工业和信息化部网站。

从表 4-1 所示的数据可以看到，软件产业作为固定资本形成总额的一个组成部分，在 2002 年仅占固定资本形成总额的 2.6％，而近几年，以年均 24.4％的速度飞速发展，在 2016 年占固定资本形成总额的 15.6%，占服务业增值的 12.6%，可见，中国软件产业作为生产性服务行业的一种，成为中国投资构成的一个重要组成部分，在中国经济增长和产业结构变迁中扮演着越来越重要的角色，并逐步成为中国经济增长的引擎。鉴于这个事实，本章的研究同以往不同的地方在于，把投资部门独立出来，作为一类单独的生产部门，主要生产资本品，另外一类是消费部门，主要生产消费品，包括农业产品、工业产品和服务业产品。本书的研究是在基于 Kongsamut 等(2001)基础之上，采用他们关于 GBGP 的概念，对产业结构变迁规律的再分析。

第二节　产业结构变迁之理论模型的建立及分析

在这一节中，我们在已有文献基础之上，结合当今社会的特点，将投资部门单独出来，把经济体分为投资部门和消费部门两大类部门，并将消费部门分为农业产品、工业产品、服务业产品三种类型产品的消费部门，建立四部门动态优化模型进行研究。在这个框架中，我们结合两种效应——收入效应和相对价格效应进行分析，最终得到关于经济总量平衡增长的“kaldor 事实”和各经济部门演变特征的“Kuznets 现象”，并且得到关于出现 GBGP 的条件和 GBGP 路径上决定经济总量增长率的变量。

一、产业结构变迁的理论模型

（一）生产

鉴于上面的分析，我们仿照马克思(1858)社会总产品的分类方法，在这里按照产品的最终用途，把整个社会的总产品分为两大类：第一类是用来消费的产品；第二类是不能消费而用来投资的资本品，也可以说是用于资本积累的产品。那么相应地，我们把经济体分为两大类部门，第一类为生产消费品的部门，第二类为生产投资品的部门。为了体现经济发展过程中的结构变迁，我们又把生产消费品的部门分为三个，包括生产农业消费品的部门、生产工业消费品的部门和生产服务业消费品的部门。这里我们也要对生产资本品的部门做一下说明，生产资本品的部门是从传统定义的三大部门(农业、工业、服务业)中把那些生产投资品的行业独立出来并且放在一起组成的部门，其中包括传统定义中的在农业、工业、服务业部门中生产资本品的行业，由于结构变迁主要表现在人们对三类消费品的消费层面和生产层面上，因此我们只对生产消费品的部门做出分类，而并不对生产资本品的部门进行分类，只是将其看作一类部门。我们假设生产资本品和生产消费品的表达式相同，生产过程需要使用资本和劳动力，是 Cobb Douglas 型的，技术进步采用劳动扩展性，资本份额和生产消费品部门的资本份额相同，其数学模型为

$$c_{it} = (A_{it} l_{it})^{1-\theta} (\phi_{it} K_t)^{\theta}, \quad i \in \{a, m, s\} \tag{4-1}$$

$$X_t = (A_{xt} l_{xt})^{1-\theta} (\phi_{xt} K_t)^{\theta} \tag{4-2}$$

$$\dot{K}_t = X_t - \delta K_t \tag{4-3}$$

$$\phi_{at} + \phi_{mt} + \phi_{st} + \phi_{xt} = 1 \tag{4-4}$$

$$l_{at} + l_{mt} + l_{st} + l_{xt} = 1 \tag{4-5}$$

其中：在式(4-1)中，当 i 分别取 a、m、s 时，该式分别表示农业消费品、工业消费品、服务业消费品的生产函数；X_t 表示投资的生产。我们将投资部门的价格标准化为 1，设三个消费部门的相对投资部门的价格分别为 p_{at}、p_{mt}、p_{st} 。因此，三个消费部门和投资部门的企业利润极大化问题分别为

$$\max_{l_{it}, \phi_{it}} \{ p_{it} (A_{it} l_{it})^{1-\theta} (\phi_{it} K_t)^{\theta} - W_t l_{it} - R_t \phi_{it} K_t \}, \quad i \in \{a, m, s\}$$

$$\max_{l_{xt}, \phi_{xt}} \{ (A_{xt} l_{xt})^{1-\theta} (\phi_{xt} K_t)^{\theta} - W_t l_{xt} - R_t \phi_{xt} K_t \}$$

其中：W_t 表示工资率；R_t 表示资本的租金率。那么由各部门企业利润极大化问题的一阶条件，可得

$$W_t = (1-\theta) p_{it} (A_{it})^{1-\theta} \left(\frac{\phi_{it} K_t}{l_{it}}\right)^{\theta} = (1-\theta) (A_{xt})^{1-\theta} \left(\frac{\phi_{xt} K_t}{l_{xt}}\right)^{\theta}, \quad i \in \{a, m, s\} \tag{4-6}$$

$$R_t = \theta p_{it} (A_{it})^{1-\theta} \left(\frac{\phi_{it}}{l_{it}}\right)^{\theta-1} K_t^{\theta} = \theta p_{xt} (A_{xt})^{1-\theta} \left(\frac{\phi_{xt}}{l_{xt}}\right)^{\theta-1} K_t^{\theta}, \quad i \in \{a, m, s\} \tag{4-7}$$

式(4-6)除以式(4-7)，并利用式(4-4)、式(4-5)两式，可得

$$\frac{\phi_{at}}{l_{at}} = \frac{\phi_{mt}}{l_{mt}} = \frac{\phi_{st}}{l_{st}} = \frac{\phi_{xt}}{l_{xt}} = \frac{W_t}{R_t} \frac{\theta}{1-\theta} = 1 \tag{4-8}$$

并且由式(4-6)第二个等号左边除以右边，得

$$p_{it} = \left(\frac{A_{it}}{A_{xt}}\right)^{1-\theta}, \quad i \in \{a, m, s\} \tag{4-9}$$

利用式(4-8)、式(4-9)两式和式(4-1)、式(4-2)两式，可得

$$p_{it} c_{it} = A_{xt}^{1-\theta} l_{it} K_t^{\theta}, \quad i \in \{a, m, s\}$$

$$X_t = A_{xt}^{1-\theta} l_{xt} K_t^{\theta}$$

我们用 Y_t 记总产出，则有

$$Y_t = X_t + \sum_{i=a,m,s} p_{it} c_{it} = A_{xt}^{1-\theta} l_{xt} K_t^{\theta} + \sum_{i=a,m,s} l_{it} A_{xt}^{1-\theta} K_t^{\theta} = A_{xt}^{1-\theta} K_t^{\theta}$$

那么资本动态积累式(4-3)可以重新写出如下形式：

$$\dot{K}_t = Y_t - p_{at} c_{at} - p_{mt} c_{mt} - p_{st} c_{st} - \delta K_t \tag{4-10}$$

（二）家庭

上面已经给出了经济体中的生产结构，下面考虑代表性家庭的消费偏好及效用。既然经济结构（生产及消费的结构）是在部门之间变迁的，那么这也就意味着消费者对三个消费部门的消费品的收入弹性可能是不同的，采用 Kongsamut 等（2001）的思想，不同消费品具有不同的收入弹性是引起结构变迁的原因，为此我们定义消费者的符合消费（记为 C_t）是由对三个部门产品的消费组成的，具有如下形式：

$$C_t = [\omega_a^{1/\varepsilon}(c_{at}-\bar{c}_a)^{(\varepsilon-1)/\varepsilon}+\omega_m^{1/\varepsilon}c_{mt}^{(\varepsilon-1)/\varepsilon}+\omega_s^{1/\varepsilon}(c_{st}+\bar{c}_s)^{(\varepsilon-1)/\varepsilon}]^{\varepsilon/(\varepsilon-1)}$$

其中：$\bar{c}_a$、$\bar{c}_s>0$ 表示家庭具有非一致性偏好①；$\bar{c}_a$ 表示农业消费品中用于维持生存的消费。这是因为随着经济的增长，农业部门作为增长较慢的部门可能从经济中消失。为了避免出现这种不合常理的情况，必须有一个维持生存的消费 $\bar{c}_a$ 来保证农业部门不至于随着经济的增长而退化，可以看到，家庭对农业消费品的消费不会低于 $\bar{c}_a$，并且这部分消费不能产生效用，只有 $c_{at}-\bar{c}_a$ 部分消费才产生效用。$\bar{c}_s$ 表示家庭自我提供的服务产品消费，可能是由于家庭自己的劳动力就从事服务业生产，也有可能因为家庭的劳动成员自身具有某种技能可以为其提供服务，例如，一个家庭，年轻夫妻的父母帮助子女照顾幼儿，就省去了年轻的爸妈去家政市场请月嫂的费用，或者一个受过良好教育的家庭主妇在家完成自己子女的初级教育，从而代替子女进入幼儿园或小学学习，家庭自我提供的服务可以代替购买性服务，进而形成效用。家庭对工业部门产品的消费只能在市场购买，这是因为工业品的生产一般需要比较复杂的机器设备，单个家庭不具备这种生产能力。$\omega_i>0, i\in\{a,m,s\}$ 表示长期趋势中家庭对各部门的消费权重，且满足 $\omega_a+\omega_m+\omega_s=1$。$\varepsilon>0$ 表示各部门间产品的替代弹性，如果 $\varepsilon>1$，各部门之间的产品是替代的；如果 $\varepsilon<1$，各部门之间的产品是互补的。我们假设家庭的效用函数是时间可分的，采取如下形式：

$$U(C_t)=\ln C_t$$

那么家庭的问题便是在满足约束式(4-10)的情况下，选择 c_{at}、c_{mt}、c_{st} 的时间路径，极大化其终身效用，即

$$\max_{c_{at},c_{mt},c_{st},K_t}\int_0^\infty e^{-\rho t}\ln C_t\,dt$$

$$\text{s.t.}\quad \dot{K}_t=A_{xt}^{1-\theta}K_t^\theta-p_{at}c_{at}-p_{mt}c_{mt}-p_{st}c_{st}-\delta K_t$$

$$K_0>0\text{ 给定}$$

① 有的文献出现 $\bar{c}_a>0$ 但 $\bar{c}_s=0$，对于这种情况我们不加讨论。事实上，从后面对 GBGP 的要求中也可以看到，$\bar{c}_a$、$\bar{c}_s$ 需要有相同的符号。

其中：$\rho>0$ 是贴现率。

（三）竞争性均衡

家庭在满足约束式(4-10)及给定 K_0 下，选择 c_{at}、c_{mt}、c_{st}、K_t 来极大化其终身效用，这里的竞争性均衡是 Pareto 最优解。使用最大值原理，首先建立 Hamilton 函数为

$$H_t=\ln C_t+\lambda_t(Y_t-p_{at}c_{at}-p_{mt}c_{mt}-p_{st}c_{st}-\delta K_t)$$

其中：λ_t 为 Hamilton 乘子。分别对 c_{at}、c_{mt}、c_{st} 求偏导，令其为 0，得到三个一阶条件分别为

$$\frac{1}{C_t}\omega_a^{1/\varepsilon}(c_{at}-\bar{c}_a)^{-1/\varepsilon}C_t^{1/\varepsilon}=\lambda_t p_{at} \tag{4-11}$$

$$\frac{1}{C_t}\omega_m^{1/\varepsilon}(c_{mt})^{-1/\varepsilon}C_t^{1/\varepsilon}=\lambda_t p_{mt} \tag{4-12}$$

$$\frac{1}{C_t}\omega_s^{1/\varepsilon}(c_{st}+\bar{c}_s)^{-1/\varepsilon}C_t^{1/\varepsilon}=\lambda_t p_{st} \tag{4-13}$$

欧拉方程为

$$\dot{\lambda}_t=\rho\lambda_t-\frac{\partial H_t}{\partial K_t}\Rightarrow\frac{\dot{\lambda}_t}{\lambda_t}=\rho-(R_t-\delta) \tag{4-14}$$

$[\omega_a\times(\text{式}(4\text{-}11))^{1-\varepsilon}+\omega_m\times(\text{式}(4\text{-}12))^{1-\varepsilon}+\omega_s\times(\text{式}(4\text{-}13))^{1-\varepsilon}]^{1/(1-\varepsilon)}$，得到

$$\frac{1}{C_t}=\lambda_t[\omega_a(p_{at})^{1-\varepsilon}+\omega_m(p_{mt})^{1-\varepsilon}+\omega_s(p_{st})^{1-\varepsilon}]^{1/(1-\varepsilon)} \tag{4-15}$$

由于 Hamilton 乘子 λ_t 的经济意义是增加一单位的复合消费品得到的效用的改变，那么可以从式(4-15)来定义复合消费品 C_t 的价格 P_t 为

$$P_t=[\omega_a(p_{at})^{1-\varepsilon}+\omega_m(p_{mt})^{1-\varepsilon}+\omega_s(p_{st})^{1-\varepsilon}]^{1/(1-\varepsilon)} \tag{4-16}$$

那么 $c_{at}\times$ 式(4-11) $+c_{mt}\times$ 式(4-12) $+c_{st}\times$ 式(4-13) 可以得到

$$p_{at}c_{at}+p_{mt}c_{mt}+p_{st}c_{st}=P_tC_t+p_{at}\bar{c}_a-p_{st}\bar{c}_s \tag{4-17}$$

将式(4-17)代入式(4-10)，可以将资源约束方程重写为

$$\dot{K}_t=A_{xt}^{1-\theta}K_t^{\theta}-P_tC_t-p_{at}\bar{c}_a+p_{st}\bar{c}_s-\delta K_t \tag{4-18}$$

为了分析经济结构变迁，我们将原来的问题分解为以下两个子问题来求解。

问题Ⅰ　跨期动态优化问题，即

$$\max_{C_t,K_t}\int_0^{\infty}e^{-\rho t}\ln C_t\,dt$$

$$\text{s.t.}\quad \dot{K}_t=A_{xt}^{1-\theta}K_t^{\theta}-P_tC_t-p_{at}\bar{c}_a+p_{st}\bar{c}_s-\delta K_t$$

$$K_0>0\ \text{给定}$$

用语言表述即是：在初始 $K_0>0$ 给定及资源约束下，家庭在总收入中选择最

优复合消费品 C_t 的路径(进而能确定储蓄 $S_t = X_t$ 的路径)来极大化其终身消费。

问题Ⅱ　静态优化问题,即

$$\max_{c_{at},c_{mt},c_{st}} \left[\omega_a^{1/\varepsilon}(c_{at}-\bar{c}_a)^{(\varepsilon-1)/\varepsilon}+\omega_m^{1/\varepsilon}c_{mt}^{(\varepsilon-1)/\varepsilon}+\omega_s^{1/\varepsilon}(c_{st}+\bar{c}_s)^{(\varepsilon-1)/\varepsilon}\right]^{\varepsilon/(\varepsilon-1)}$$

$$\text{s.t.}\quad p_{at}c_{at}+p_{mt}c_{mt}+p_{st}c_{st}=P_tC_t+p_{at}\bar{c}_a-p_{st}\bar{c}_s$$

用语言表述即是:在满足复合消费式(4-17)下,如何分配三个消费部门的消费 c_{at}、c_{mt}、c_{st} 的份额来极大化其复合消费品 C_t。本书为了研究在经济增长的同时所伴随的经济结构变迁,即在经济增长的同时,三个消费部门的消费 c_{at}、c_{mt}、c_{st} 的份额、产值份额及劳动力份额发生怎样的变动,我们将分析集中在问题Ⅱ上。下面从三个关于 c_{at}、c_{mt}、c_{st} 一阶条件式(4-11)、式(4-12)、式(4-13)推导在三个部门的消费之间满足一个什么样的关系。

式(4-11)÷式(4-12),并且两边同时 $-\varepsilon$ 次方,并根据式(4-9),得到

$$\frac{c_{at}-\bar{c}_a}{c_{mt}}=\frac{\omega_a}{\omega_m}\left(\frac{p_{mt}}{p_{at}}\right)^{\varepsilon}=\frac{\omega_a}{\omega_m}\left(\frac{A_{at}}{A_{mt}}\right)^{(1-\theta)\varepsilon} \tag{4-19}$$

式(4-13)÷式(4-12),并且两边同时 $-\varepsilon$ 次方,得到

$$\frac{c_{st}+\bar{c}_s}{c_{mt}}=\frac{\omega_s}{\omega_m}\left(\frac{p_{mt}}{p_{st}}\right)^{\varepsilon}=\frac{\omega_s}{\omega_m}\left(\frac{A_{st}}{A_{mt}}\right)^{(1-\theta)\varepsilon} \tag{4-20}$$

整理式(4-17),两边除以 $p_{mt}c_{mt}$,并利用式(4-19)和式(4-20),得到

$$\frac{P_tC_t}{p_{mt}c_{mt}}=\left[\frac{\omega_a}{\omega_m}\left(\frac{A_{mt}}{A_{at}}\right)^{(1-\theta)(1-\varepsilon)}+1+\frac{\omega_s}{\omega_m}\left(\frac{A_{mt}}{A_{st}}\right)^{(1-\theta)(1-\varepsilon)}\right] \tag{4-21}$$

式(4-19)、式(4-20)和式(4-21)三个式子在以下的分析中将重点使用。下面我们将分几种情况讨论结构变迁的问题。

二、产业结构变迁的理论分析

前面我们已经提到新古典的单部门增长模型最终产生了平衡增长路径,"Kaldor 事实"正是以此为基础,反映长期经济现象的。然而另一方面,经济系统中的不同生产部门的相对地位也在发生着变化,不同部门之间表现出不同的增长趋势,各部门的生产结构、消费结构综合表现出的现象称为"Kuznets 现象"。前面我们提到两个现象的融合需要一个假设,就是 GBGP 假设,即假设实际利率为常数的情况①,所产生的经济整体增长及各部门增长的现象。我们假设各部门的技术进步率为常数,即得模型为

$$\frac{\dot{A}_{it}}{A_{it}}=\gamma_i,\quad i\in\{a,m,s,x\}$$

下面针对参数 $\{\omega_a,\omega_m,\omega_s,A_{at},A_{mt},A_{st},\gamma_i,\varepsilon,\bar{c}_a,\bar{c}_s\}$ 的不同取值分情况进行

① 在本书假设资本折旧率为常数的情况下,即意味着资本的租金率为常数。

分析。

情形 1　参数满足 $\omega_a=\omega_m=\omega_s, A_{at}=A_{mt}=A_{st}, \varepsilon\to\infty, \bar{c}_a=\bar{c}_s=0$

这种情形下参数的取值表示什么含义：$\omega_a=\omega_m=\omega_s$ 意味着各部门消费品在家庭的消费中具有同等重要的地位；$A_{at}=A_{mt}=A_{st}$ 意味着三个消费部门的相对价格是相同的；$\varepsilon\to\infty$ 意味着三个消费部门的产品是完全替代的，即家庭对农业、工业、服务业三个消费部门产品的消费是无差别的；$\bar{c}_a=\bar{c}_s=0$ 意味着家庭对三个部门产品的消费不存在非一致性偏好，即当收入增加时，家庭对三个部门消费品的增加份额是相同的。在这种情形下，模型退化为 Kongsamut 等(2001)的两部门的增长模型，家庭可以选择三部门产品的任意比例消费，家庭的效用不会因此而不同，故这种情况下，是不会产生结构变迁的。

情形 2　参数满足 $\varepsilon=1, \bar{c}_a=\bar{c}_s=0$

这种情形下参数的取值表示的含义：当 $\varepsilon=1$ 时，复合消费品 C_t 变成了 Cobb Douglas 型，即 $C_t=c_{at}^{\omega_a}c_{mt}^{\omega_m}c_{st}^{\omega_s}$；$\bar{c}_a=\bar{c}_s=0$ 含义同情形 1 的。注意到在这种情形下，我们并没有给出关于各部门技术进步的限制，这是因为当偏好是 Cobb Douglas 型时，各部门的劳动力份额和附加值份额是不依赖于相对技术进步率的不同的。直观分析是：当各部门相对技术进步不同时，各部门的相对价格也会不同，这样，虽然由于各部门相对技术进步的不同会带来产出绝对量的不同，但是，这种不同被该部门相对价格的改变所抵消，表现出来的附加值份额是没有变化的，具体还可以从理论式子上进行分析。由式(4-19)、式(4-20)和式(4-21)三式，当 $\varepsilon=1$、$\bar{c}_a=\bar{c}_s=0$ 时，式(4-19)$\times\dfrac{p_{at}}{p_{mt}}$，式(4-20)$\times\dfrac{p_{st}}{p_{mt}}$ 分别得到

$$\frac{p_{at}c_{at}}{p_{mt}c_{mt}}=\frac{\omega_a}{\omega_m},\quad \frac{p_{st}c_{st}}{p_{mt}c_{mt}}=\frac{\omega_s}{\omega_m}$$

式(4-21)在 $\varepsilon=1$ 时变为

$$\frac{P_tC_t}{p_{mt}c_{mt}}=\frac{1}{\omega_m}$$

以上三式即意味着此时三个消费部门并没有发生结构上的改变。

情形 3(收入效应)　参数满足 $\bar{c}_a>0, \bar{c}_s>0, \gamma_i=\gamma_j, i,j\in\{a,m,s\}, \varepsilon=1$

这种情形中参数取值的含义为：$\bar{c}_a>0$、$\bar{c}_s>0$ 意味着随着收入增加，家庭对农业产品的消费减少，对服务业产品的消费增加；$\gamma_i=\gamma_j, i,j\in\{a,m,s\}$ 意味着三个消费部门的技术进步率是相同的(我们不妨记为 γ_c)；又因为 $\varepsilon=1$、$C_t=(c_{at}-\bar{c}_a)^{\omega_a}(c_{mt})^{\omega_m}(c_{st}+\bar{c}_s)^{\omega_s}$，所以此时效用函数变为

$$U(C_t)=\omega_a\ln(c_{at}-\bar{c}_a)+\omega_m\ln(c_{mt})+\omega_s\ln(c_{st}+\bar{c}_s)$$

利用 $\dot{K}_t=X_t-\delta K_t$，可将资源约束式(4-18)重新写成

$$P_tC_t+p_{at}\bar{c}_a-p_{st}\bar{c}_s=A_{xt}^{1-\theta}K_t^{\theta}-X_t \tag{4-22}$$

下面的目标主要是解决两个问题：第一个问题是在情形3中，满足GBGP所要求的条件意味着什么？存在GBGP时的初始条件是什么？第二个问题是在情形3中，三个部门的消费份额、附加值份额及就业份额的变化趋势分别是怎样的，即是否发生了结构变迁？

1. 第一个问题的解答

我们针对问题1来分析，考虑GBGP的条件在本书的模型中意味着什么？在本书的模型中，我们假设满足GBGP的条件，也就是要满足资本的租金率R_t为常数，那么除了资本的租金率R_t为常数这个条件外，还要满足什么？并且在GBGP下，是否会同时发生总体经济的稳定增长和结构变迁？下面我们将对其作答。

由于$R_t=\theta K_t^{\theta-1}A_{xt}^{1-\theta}$为常数，我们将其设为$R$，将其两边对时间$t$求导，得到$\frac{\dot{K}_t}{K_t}=\frac{\dot{A}_{xt}}{A_{xt}}=\gamma_x$，而$X_t=\dot{K}_t+\delta K_t=\gamma_x K_t+\delta K_t$，所以，$\frac{\dot{X}_t}{X_t}=\frac{\dot{K}_t}{K_t}\gamma_x$，因此约束方程式(4-22)的右边增长率为$\gamma_x$，因此，等式左边$P_tC_t$与$p_{at}\bar{c}_a-p_{st}\bar{c}_s$的增长率也必须为$\gamma_x$。下面来看左边，首先由式(4-14)、式(4-15)和式(4-16)三式可以得到$\frac{\dot{\overline{P_tC_t}}}{P_tC_t}=-\frac{\dot{\lambda}_t}{\lambda_t}=R-\delta-\rho$，再者$\frac{\dot{p}_{it}}{p_{it}}=\frac{(1-\theta)\left(\frac{A_{xt}}{A_{it}}\right)^{1-\theta}(\gamma_x-\gamma_i)}{\left(\frac{A_{xt}}{A_{it}}\right)^{1-\theta}}=(1-\theta)(\gamma_x-\gamma_c)$，这样$p_{at}\bar{c}_a-p_{st}\bar{c}_s$的增长率为$\frac{\mathrm{d}(p_{at}\bar{c}_a-p_{st}\bar{c}_s)/\mathrm{d}t}{p_{at}\bar{c}_a-p_{st}\bar{c}_s}=(1-\theta)(\gamma_x-\gamma_c)\neq\gamma_x$，这与上面的分析矛盾，因此，必须有$p_{at}\bar{c}_a-p_{st}\bar{c}_s=0,\forall t$，即$\frac{\bar{c}_a}{\bar{c}_s}=\frac{p_{st}}{p_{at}},\forall t$，由于$\frac{\dot{p}_{at}}{p_{at}}=\frac{\dot{p}_{st}}{p_{st}}=(1-\theta)(\gamma_x-\gamma_c)$，我们只需满足$\frac{\bar{c}_a}{\bar{c}_s}=\frac{p_{s0}}{p_{a0}}$即可，由式(4-9)，此即为$\frac{\bar{c}_a}{\bar{c}_s}=\left(\frac{A_{a0}}{A_{s0}}\right)^{1-\theta}$，因此在GBGP上，首先要求有以下两个条件成立：

(i) $R-\delta-\rho=\gamma_x$；

(ii) $\frac{\bar{c}_a}{\bar{c}_s}=\left(\frac{A_{a0}}{A_{s0}}\right)^{1-\theta}$。

再者，我们来考察初始条件K_0需要满足什么？由$R=\theta K_t^{\theta-1}A_{xt}^{1-\theta}$且$\frac{\dot{K}_t}{K_t}=\frac{\dot{A}_{xt}}{A_{xt}}=\gamma_x$，则$K_0=A_{x0}\left(\frac{\theta}{R}\right)^{\frac{1}{1-\theta}}$，将条件(i)代入，即得$K_0=A_{x0}\left(\frac{\theta}{\gamma_x+\delta+\rho}\right)^{\frac{1}{1-\theta}}$。

2. 第二个问题的解答

当$\varepsilon=1$时，式(4-16)变为$P_t=p_{at}^{\omega_a}p_{mt}^{\omega_m}p_{st}^{\omega_s}$，由于$\frac{\dot{p}_{it}}{p_{it}}=(1-\theta)(\gamma_x-\gamma_c)$，因此$\frac{\dot{P}_t}{P_t}=(1-\theta)(\gamma_x-\gamma_c)$。下面回头来观察式(4-19)、式(4-20)和式(4-21)三式。当

$\varepsilon=1$ 时，式(4-21)可变形为

$$c_{mt}=\omega_m\frac{P_tC_t}{p_{mt}} \tag{4-23}$$

将其分别代入式(4-19)和式(4-20)，可得

$$c_{at}=\omega_a\frac{P_tC_t}{p_{at}}+\bar{c}_a \tag{4-24}$$

$$c_{st}=\omega_s\frac{P_tC_t}{p_{st}}-\bar{c}_s \tag{4-25}$$

由式(4-23)、式(4-24)和式(4-25)三式，分别可得

$$\frac{\dot{c}_{mt}}{c_{mt}}=\frac{\left(\omega_m\dfrac{\dot{P_tC_t}}{p_{mt}}\right)}{\omega_m\dfrac{P_tC_t}{p_{mt}}}=\frac{\omega_m\dfrac{P_tC_t}{p_{mt}}\left(\dfrac{\dot{P}_t}{P_t}+\dfrac{\dot{C}_t}{C_t}-\dfrac{\dot{p}_{mt}}{p_{mt}}\right)}{\omega_m\dfrac{P_tC_t}{p_{mt}}}=\frac{\dot{C}_t}{C_t}$$

$$\frac{\dot{c}_{at}}{c_{at}}=\frac{\left(\omega_a\dfrac{P_t\dot{C}_t}{p_{at}}+\bar{c}_a\right)}{\omega_a\dfrac{P_tC_t}{p_{at}}+\bar{c}_a}=\frac{\omega_a\dfrac{P_tC_t}{p_{at}}\left(\dfrac{\dot{P}_t}{P_t}+\dfrac{\dot{C}_t}{C_t}-\dfrac{\dot{p}_{at}}{p_{at}}\right)}{\omega_a\dfrac{P_tC_t}{p_{at}}+\bar{c}_a}<\frac{\dot{C}_t}{C_t}$$

$$\frac{\dot{c}_{st}}{c_{st}}=\frac{\left(\omega_s\dfrac{P_t\dot{C}_t}{p_{st}}-\bar{c}_s\right)}{\omega_s\dfrac{P_tC_t}{p_{st}}-\bar{c}_s}=\frac{\omega_s\dfrac{P_tC_t}{p_{mt}}\left(\dfrac{\dot{P}_t}{P_t}+\dfrac{\dot{C}_t}{C_t}-\dfrac{\dot{p}_{mt}}{p_{mt}}\right)}{\omega_s\dfrac{P_tC_t}{p_{st}}-\bar{c}_s}>\frac{\dot{C}_t}{C_t}$$

以上三式的意思即为农业、工业、服务业消费品的增长率分别小于、等于、大于复合消费品的增长率。为了考察农业、工业、服务业消费品在总的复合消费中的份额变化趋势，我们做如下计算：

$$\mathrm{d}\left(\frac{p_{at}c_{at}}{P_tC_t}\right)/\mathrm{d}t=\frac{p_{at}c_{at}}{P_tC_t}\left(\frac{\dot{p}_{at}}{p_{at}}+\frac{\dot{c}_{at}}{c_{at}}-\frac{\dot{P}_t}{P_t}-\frac{\dot{C}_t}{C_t}\right)<0$$

$$\mathrm{d}\left(\frac{p_{mt}c_{mt}}{P_tC_t}\right)/\mathrm{d}t=\frac{p_{mt}c_{mt}}{P_tC_t}\left(\frac{\dot{p}_{mt}}{p_{mt}}+\frac{\dot{c}_{mt}}{c_{mt}}-\frac{\dot{P}_t}{P_t}-\frac{\dot{C}_t}{C_t}\right)=0$$

$$\mathrm{d}\left(\frac{p_{st}c_{st}}{P_tC_t}\right)/\mathrm{d}t=\frac{p_{st}c_{st}}{P_tC_t}\left(\frac{\dot{p}_{st}}{p_{st}}+\frac{\dot{c}_{st}}{c_{st}}-\frac{\dot{P}_t}{P_t}-\frac{\dot{C}_t}{C_t}\right)>0$$

上面三式意味着农业、工业、服务业三个消费部门的名义消费份额的变化趋势分别为减少、不变、增加。

我们再来看三个消费部门和投资部门的附加值在总产出中的份额的变化趋势。我们考虑式(4-23)，在上述条件(ii)成立的情况下，式(4-23)意味着对 $\forall t$，都有 $P_tC_t=Y_t-X_t$ 。由于 P_tC_t、Y_t、X_t 三者增长率均为 γ_x，那么 P_tC_t、Y_t、X_t 三者的相对量是不会发生改变的，这便意味着 $\frac{P_tC_t}{Y_t}$、$\frac{X_t}{Y_t}$ 为常数。那么 $\frac{p_{it}c_{it}}{Y_t}=\frac{p_{it}c_{it}}{P_tC_t}\times\frac{P_tC_t}{Y_t}(i\in\{a,m,s\})$，所以 $\frac{p_{it}c_{it}}{Y_t}$ 的变化趋势与 $\frac{p_{it}c_{it}}{P_tC_t}$ 的变化趋势是一样的，即农业、

工业、服务业三个消费部门的名义附加值份额变化趋势同样分别是减少、不变、增加。再者，我们由 $\frac{X_t}{Y_t}$ 为常数得知，投资部门的名义附加值份额保持常数不变。最后我们考虑各部门的就业份额的变化趋势。由式(4-1)和式(4-2)两式，得到：

$$\frac{p_{it}c_{it}}{Y_t}=\frac{A_{xt}^{1-\theta}l_{it}K_t^{\theta}}{A_{xt}^{1-\theta}K_t^{\theta}}=l_{it}$$

$$\frac{X_t}{Y_t}=\frac{A_{xt}^{1-\theta}l_{xt}K_t^{\theta}}{A_{xt}^{1-\theta}K_t^{\theta}}=l_{xt}$$

农业、工业、服务业三个消费部门的就业份额变化趋势同样分别是减少、不变、增加，投资部门的就业份额保持常数不变。总结上面对两个问题的回答，我们得到满足 GBGP 的条件及结论如下。

定理 1　假定满足以下四个条件：

(i) $R-\delta-\rho=\gamma_x$ ，

(ii) $\frac{\bar{c}_a}{\bar{c}_s}=\left(\frac{A_{a0}}{A_{s0}}\right)^{1-\theta}$ ，

(iii) $K_0=A_{x0}\left(\frac{\theta}{\gamma_x+\delta+\rho}\right)^{\frac{1}{1-\theta}}$ ，

(iv) $\bar{c}_s<\omega_s\left(\frac{A_{s0}}{A_{x0}}\right)^{1-\theta}[K_0^{\theta}A_{x0}^{1-\theta}-(\gamma_x+\delta)K_0]$ ，

则存在唯一的 GBGP，在 GBGP 上，产出的增长率取决于投资部门的技术进步增长率，投资部门的名义附加值份额和就业份额保持为常数，农业消费部门、工业消费部门、服务业消费部门的名义消费份额、名义附加值份额、就业份额的变化趋势是相同的，分别为减少、不变、增加。

证明：条件(i)、(ii)、(iii)在前面问题 1 中已经详细分析过，现在来看条件(iv)。由于 $\bar{c}_s>0$ ，那么条件(iv)需要确保不等式右边是正值且有意义，下面看是否能满足这个要求。由条件(iii)，可得

$$K_0^{\theta}A_{x0}^{1-\theta}-(\gamma_x+\delta)K_0=A_{x0}\left(\frac{\theta}{\gamma_x+\delta+\rho}\right)^{\frac{1}{1-\theta}}\left[\frac{\gamma_x+\delta+\rho}{\theta}-(\gamma_x+\delta)\right]>0$$

那么条件(iv)是有意义的，我们再来看条件(iv)成立时意味着什么？由于

$$\omega_s\frac{P_0C_0}{p_{s0}}=\omega_s\left(\frac{A_{s0}}{A_{x0}}\right)^{1-\theta}(K_0^{\theta}A_{x0}^{1-\theta}-X_0)=\omega_s\left(\frac{A_{s0}}{A_{x0}}\right)^{1-\theta}[K_0^{\theta}A_{x0}^{1-\theta}-(\gamma_x+\delta)K_0]$$

因此，条件(iv)成立意味着 $\omega_s\frac{P_0C_0}{p_{s0}}>\bar{c}_s$ ，由前面的分析得知，P_tC_t、p_{st} 的增长率为常数，那么 $\omega_s\frac{P_tC_t}{p_{st}}>\bar{c}_s$ 对 $\forall t$ 恒成立，则由式(4-25)所确定的 c_{st} 便存在正解，很显然，式(4-23)、式(4-24)也存在正解。因此在满足上述四个条件的限制下，本章模型存在正解，且满足如定理中所述特征，以上对两个问题的回答中，我们已经

给予详细的分析和推导，这里不再赘述。

事实上，这种情形是“收入效应”引起的结构变迁，它是从居民需求层面提出来的。我们从需求角度来看，经济的发展引起了居民人均收入的提高，这会降低居民的恩格尔系数，提高居民的消费层次，这便是产业结构从以低端的农业为主变迁到以高端的工业，特别是以服务业为主的主要原因。改革开放以来，中国城市居民的恩格尔系数从 1978 年的 57.5%下降到了 2013 年的 35.0%，2013 年又比 2012 年下降了 1.2 个百分点，农村居民的恩格尔系数从 1978 年的 67.6%下降到了 2013 年的 37.3%，可以看到居民已经从改革开放之初对农业基本生活品的消费过渡到对第二、三产业较高层次消费品的需求上来。因此，需求因素对一个国家的产业结构变迁具有十分重要的作用和意义，只有需求结构不断升级，才会引致产业结构变迁的发生。

情形 4（价格效应）　参数满足 $\bar{c}_a = \bar{c}_s = 0, \varepsilon \neq 1$

该情形中的 $\bar{c}_a = \bar{c}_s = 0$ 意味着消费者并无非一致性偏好；根据人们对农业消费品、工业消费品、服务业消费品的偏好不同，三种消费品相互之间难以替代，我们假设 $\varepsilon < 1$；参照 Brandt 和 Zhu（2010）做出的假设 $\gamma_a > \gamma_m > \gamma_s$，下面开始分析情形 4 中是否能够引起结构变迁。由于 $\bar{c}_a = \bar{c}_s = 0$，那么在情形 3 中成立的以下四个结论依然成立：

(1) $P_tC_t = Y_t - X_t$；

(2) P_tC_t、Y_t、X_t 三者增长率均为 γ_x；

(3) $\dfrac{P_tC_t}{Y_t}$、$\dfrac{X_t}{Y_t}$ 为常数；

(4) $\dfrac{p_{it}c_{it}}{P_tC_t}$、$\dfrac{p_{it}c_{it}}{Y_t}$ 二者变化趋势相同，且有 $\dfrac{p_{it}c_{it}}{Y_t} = l_{it}, i \in \{a,m,s\}, \dfrac{X_t}{Y_t} = l_{xt}$。

投资部门的名义附加值份额和就业份额保持为常数，下面我们主要来分析在这种情况下，三个消费部门的名义附加值份额、就业份额和名义消费份额的变化趋势如何。当 $\bar{c}_a = \bar{c}_s = 0$ 时，式(4-19)、式(4-20)两式即为

$$\frac{c_{at}}{c_{mt}} = \frac{\omega_a}{\omega_m}\left(\frac{A_{at}}{A_{mt}}\right)^{(1-\theta)\varepsilon} \tag{4-26}$$

$$\frac{c_{st}}{c_{mt}} = \frac{\omega_s}{\omega_m}\left(\frac{A_{st}}{A_{mt}}\right)^{(1-\theta)\varepsilon} \tag{4-27}$$

由式(4-8)可将式(4-1)重写为

$$c_{it} = A_{it}^{1-\theta}K_t^{\theta}l_{it}$$

将其代入式(4-26)、式(4-27)两式，分别得

$$\frac{l_{at}}{l_{mt}} = \frac{\omega_a}{\omega_m}\left(\frac{A_{mt}}{A_{at}}\right)^{(1-\theta)(1-\varepsilon)} \tag{4-28}$$

$$\frac{l_{st}}{l_{mt}}=\frac{\omega_s}{\omega_m}\left(\frac{A_{mt}}{A_{st}}\right)^{(1-\theta)(1-\varepsilon)} \tag{4-29}$$

那么

$$\mathrm{d}\left(\frac{l_{at}}{l_{mt}}\right)/\mathrm{d}t=\frac{\omega_a}{\omega_m}(1-\varepsilon)(1-\theta)\left(\frac{A_{mt}}{A_{at}}\right)^{(1-\theta)(1-\varepsilon)}(\gamma_m-\gamma_a)$$

$$\mathrm{d}\left(\frac{l_{st}}{l_{mt}}\right)/\mathrm{d}t=\frac{\omega_s}{\omega_m}(1-\varepsilon)(1-\theta)\left(\frac{A_{mt}}{A_{st}}\right)^{(1-\theta)(1-\varepsilon)}(\gamma_m-\gamma_s)$$

由于$\varepsilon<1$且$\gamma_a>\gamma_m>\gamma_s$，那么由以上两式可以得到

$$\mathrm{d}\left(\frac{l_{at}}{l_{mt}}\right)/\mathrm{d}t<0$$

$$\mathrm{d}\left(\frac{l_{st}}{l_{mt}}\right)/\mathrm{d}t>0$$

即农业消费部门的相对于工业消费部门的、服务业消费部门相对于工业消费部门的劳动力份额分别是减小的、增加的。由这个结论，乍一看上去，似乎得不到关于农业、工业、服务业各消费部门劳动力份额的绝对变化，但是当进一步分析以后，就会发现以下事实。

(1) 在任何情况下，农业消费部门的就业份额都不可能是增加的，也不可能是不变的。这是因为，如果我们假设农业消费部门的就业份额是增加的或不变的，由上面得到的三个消费部门相对就业份额的变化趋势可以知道，工业消费部门和服务业消费部门的变化趋势必然都是增加的，因为$\frac{X_t}{Y_t}=l_{xt}$为常数，所以$l_{at}+l_{mt}+l_{st}=1-l_{xt}$也为常数，这是矛盾的。因此，无论在哪一种情况下，农业消费部门的就业份额都必须是减小的。

(2) 在任何情况下，服务业消费部门的就业份额都不可能是减小的，也不可能是不变的。这是因为，如果我们假设服务业消费部门的就业份额是减小的或不变的，由上面得到的三个消费部门相对就业份额的变化趋势可以知道，工业消费部门和服务业消费部门的变化趋势必然都是减小的，因为$\frac{X_t}{Y_t}=l_{xt}$为常数，所以$l_{at}+l_{mt}+l_{st}=1-l_{xt}$也为常数，这是矛盾的。因此，无论在哪一种情况下，服务业消费部门的就业份额都必须是增加的。

于是由以上两点分析，得到如下结论。

定理 2　假设$\bar{c}_a=\bar{c}_s=0$，$\varepsilon<1$，$\gamma_a>\gamma_m>\gamma_s$，则存在唯一的 GBGP，在 GBGP 上，产出的增长率取决于投资部门的技术进步增长率，投资部门的名义附加值份额和就业份额保持为常数，农业消费部门、服务业消费部门的名义消费份额、名义附加值份额、就业份额的变化趋势是相同的，分别为减少、不变、增加，工业消费部门的名义消费份额、名义附加值份额、就业份额的变化趋势是不确定的，如果是减

小的，那么减小的速度慢于农业消费部门的，如果是增加的，那么增加的速度慢于服务业部门的，或者也有可能是保持不变的。

事实上，这种情形是“价格效应”引起的结构变迁，类似于 Ngai 和 Pissarides(2007)模型中的分析。本章这种情形主要是由于对三次产业技术进步率设置的不同导致的“价格效应”。事实上，自改革开放以来，我国三次产业的生产率得到了极大进步。其中，农业生产率得到了极大提高，从传统农业向现代农业进行转化，使用现代工业、先进的科学技术及先进的管理方法进行生产；由于科技的进步，制造业生产率也得到了极大提高，但很多还是处于产业链底端的生产；服务业也有不小的进步，但是，由于我国在诸如电子信息、金融、通信等一些知识密集型产业方面很薄弱，提高也是有限的，因此，我们在这种情形中合理地假设了 $\gamma_a > \gamma_m > \gamma_s$，这也符合 Brandt 和 Zhu(2010)对中国经济核算的结果。

三、数值模拟

我们在这一部分中设置参数的具体取值，给出四组数值模拟试验来直观观察结构变迁的特征。当 $\varepsilon = 1$ 时，式(4-23)、式(4-24)及式(4-25)分别为

$$\frac{p_{mt}c_{mt}}{P_t C_t} = \omega_m \tag{4-30}$$

$$\frac{p_{at}c_{at}}{P_t C_t} = \omega_a + \frac{p_{at}\bar{c}_a}{P_t C_t} \tag{4-31}$$

$$\frac{p_{st}c_{st}}{P_t C_t} = \omega_s - \frac{p_{st}\bar{c}_s}{P_t C_t} \tag{4-32}$$

当 $\varepsilon = 1$ 时，$C_t = (c_{at} - \bar{c}_a)^{\omega_a} c_{mt}^{\omega_m} (c_{st} + \bar{c}_s)^{\omega_s}$，$P_t = p_{at}^{\omega_a} p_{mt}^{\omega_m} p_{st}^{\omega_s}$，由前面的式(4-9)得到 $\frac{p_{at}}{P_t} = (A_{at}^{\omega_a - 1} A_{mt}^{\omega_m} A_{st}^{\omega_s})^{1-\theta}$，$\frac{p_{st}}{P_t} = (A_{at}^{\omega_a} A_{mt}^{\omega_m} A_{st}^{\omega_s - 1})^{1-\theta}$。再者，由于 $\frac{\dot{P_t C_t}}{P_t C_t} = \gamma_x$ $\frac{\dot{P}_t}{P_t} = (1-\theta)(\gamma_x - \gamma_c)$，那么 $\frac{\dot{C}_t}{C_t} = \gamma_x - (1-\theta)(\gamma_x - \gamma_c) = \theta(\gamma_x + \gamma_c) - \gamma_c$，将这些表达式代入式(4-31)、式(4-32)，分别得到

$$\frac{p_{at}c_{at}}{P_t C_t} = \omega_a + (A_{a0}^{\omega_a - 1} A_{m0}^{\omega_m} A_{s0}^{\omega_s})^{1-\theta} \frac{\bar{c}_a}{C_0} e^{-[\theta(\gamma_x + \gamma_c) - \gamma_c]t} \tag{4-33}$$

$$\frac{p_{st}c_{st}}{P_t C_t} = \omega_s - (A_{a0}^{\omega_a} A_{m0}^{\omega_m} A_{s0}^{\omega_s - 1})^{1-\theta} \frac{\bar{c}_s}{C_0} e^{-[\theta(\gamma_x + \gamma_c) - \gamma_c]t} \tag{4-34}$$

以下数值模拟试验主要根据式(4-30)、式(4-33)及式(4-34)三个式子进行，它们分别代表了工业、农业、服务业三个消费部门的名义消费在总消费中的份额，依据 Brandt 和 Zhu(2010)关于中国经济增长的核算，取 $\omega_a = 0.147$、$\theta = 0.5$、$\gamma_c = 0.0392$，由于 Brandt 和 Zhu(2010)只进行了农业和非农业的分类，并未对非农业进行工业和服务业的分类，所以我们利用 ω_m、ω_s 的含义来选择它们的数值。由于

ω_m、ω_s 表示长期中人们对工业消费部门、服务业消费部门的消费权重，我们按照1981年初期居民对工业消费品的权重份额，并利用居民对工业消费品处于比较稳定的状态这个特点，取 $\omega_m = 0.28$，因此 ω_s 的取值为0.573（即 $1-0.147-0.28$ ）。关于初始三个消费部门的消费选取，我们按照李尚骜和龚六堂(2012)的方法，由1981年《中国统计年鉴》的数据，可以得到三个消费部门消费份额的初值分别为0.56、0.28、0.16，为了方便计算，可取 $c_{a0}=2$、$c_{m0}=1$、$c_{s0}=0.57$ 。以下我们做出三组试验：第一组先利用中国数据校准得到参数值，第二、三组在第一组的基础之上做出某些关键参数的变动，来考察当这些参数发生改变时，结构变迁的路径会有什么不同。

试验(i)　不妨假定 $A_{m0}=1$、$A_{a0}=0.8$、$A_{s0}=0.6$ ，使用1981—2012年间的三个部门的消费份额数据校准模型，可以得到 $\gamma_x=0.0744$、$\bar{c}_a=0.48$ ，那么由GBGP所要求的条件，可以得到 $\bar{c}_s=\bar{c}_a\left(\dfrac{A_{s0}}{A_{a0}}\right)^{1-\theta}=0.416$ ，然后由前面的分析可以得到初始复合消费品的取值为 $C_0=(c_{a0}-\bar{c}_a)^{\omega_a}(c_{m0})^{\omega_m}(c_{s0}+\bar{c}_s)^{\omega_s}=1.05$ ，图4-1所示的是由式(4-30)、式(4-33)及式(4-34)表示的三个消费部门的消费份额的变化趋势。

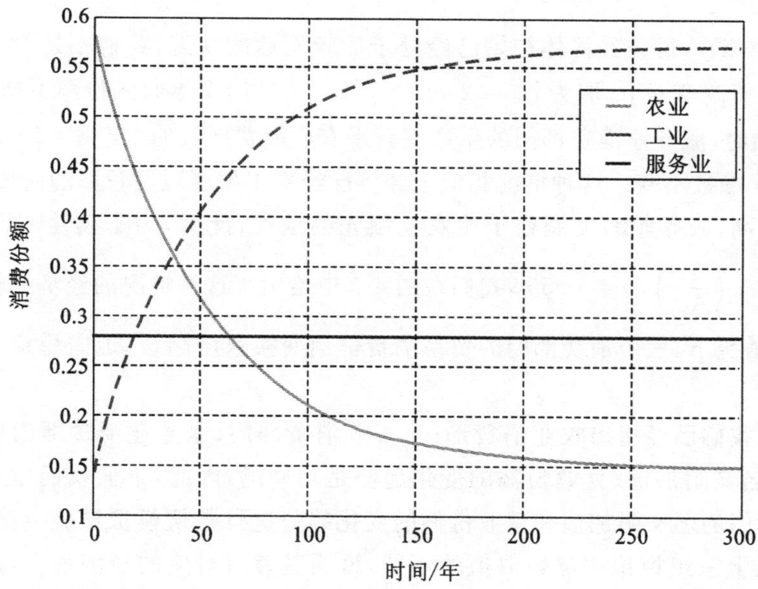

图4-1　数值模拟试验(i)　农业、工业、服务业三个消费部门的结构变迁

试验(ii)　假设投资部门的技术进步率比较高，不妨设置 $\gamma_x=0.1$ ，其他参数都不发生变化，我们看结构变迁的趋势发生了怎样的改变，如图4-2所示。由图4-2可以看到，由于投资部门的技术进步率的提高，经济收敛的速度加快，三个消费部门的名义消费份额走向平衡路径缩短了几十年的时间。

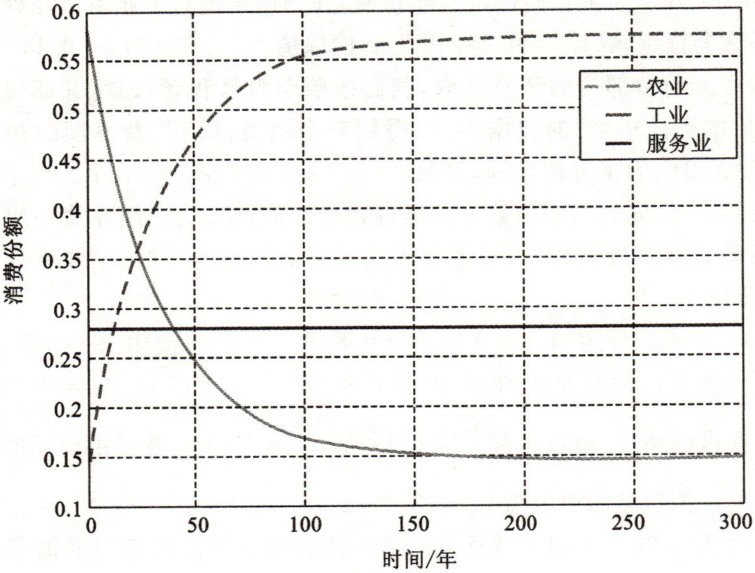

图 4-2 数值模拟试验(ii) 农业、工业、服务业三个消费部门的结构变迁

试验(iii) 假设经济体初始已经处于比较发达的状态，我们不妨对三个部门的消费初值改变一下，取为 $c_{a0}=2$、$c_{m0}=2$、$c_{s0}=2.6$，资本收入份额不妨取为 $\theta=0.4$，初始时，服务业消费部门的生产率高于农业消费部门的生产率，不妨取为 $A_{s0}=1$，其他参数不变。这种情况相似于经济已经到了发展程度较高的阶段，劳动收入份额较高，服务业的发展处于比农业领先的地位，此时，为了满足 GBGP 的条件，$\bar{c}_s=\bar{c}_a\left(\frac{A_{s0}}{A_{a0}}\right)^{1-\theta}=0.55$，我们在图 4-3 中给出了这种情况的经济结构变迁趋势，这种情况下，三个消费部门的贸易消费份额变换速度趋缓，走向稳定路径的时间变长。

上面我们已经指出农业消费部门、工业消费部门、服务业消费部门的名义消费份额、名义附加值、就业份额的变化趋势是相同的，因此，下面我们就不再对三个消费部门的名义附加值和就业份额的变化趋势进行数值模拟试验。接下来，我们针对以上三组模拟中参数取值的不同，说明其背后对应的经济现实，以及三个图形所包含的经济含义。试验(i)与试验(ii)相比，只是 γ_x 的取值较高，对应的经济含义在试验(ii)中的投资部门的技术进步率较高，我们来观察试验(ii)对应的模拟图形，发现当技术进步率较高时，经济体走向平衡路径的时间大大缩短，收敛的速度大大加快，试验(i)比试验(ii)中的情况走向平衡所需时间多了几十年。这种情况对应着诸如韩国、日本那些重视计算机软件、IT、网络等一些高科技产品的新

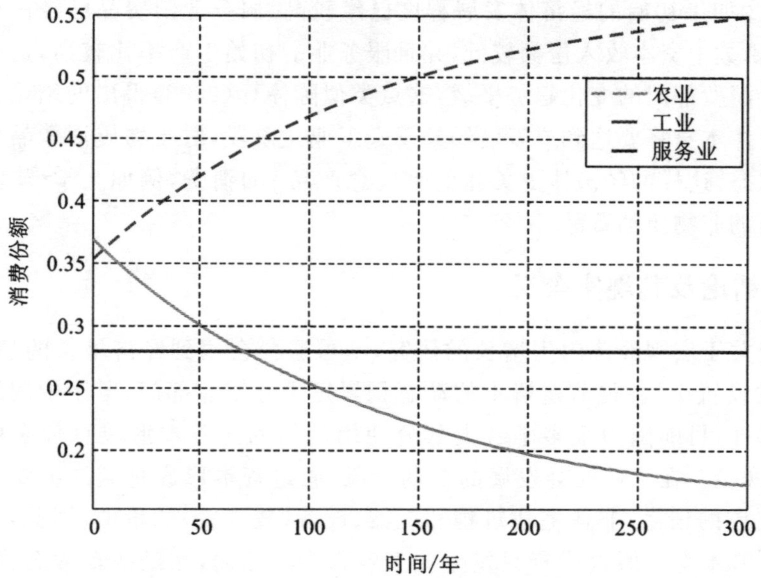

图 4-3 数值模拟试验(iii) 农业、工业、服务业三个消费部门的结构变迁

兴国家,它们在经济起飞时有老牌发达国家的借鉴,可以直接引进其高科技,从而大大缩短了工业化进程,例如,英国和美国工业化的时间分别花了 200 年和 135 年,而日本和韩国分别只用了 65 年、33 年便完成了工业化。再来看试验(iii),与试验(i)相比,试验(iii)中的取值在三种消费品初值的对比、服务部门初始生产率、资本收入份额上都有所变化,试验(iii)中初始工业消费品份额高于农业消费品份额,而服务业消费品份额又高于工业消费品的份额,且服务业部门有较高的生产率,这对应着经济体已经处于较高的发达程度,对于服务业产品的消费已经高于农业产品和工业产品,并且服务业部门的生产率已经较高,而较低的资本收入份额又意味着该经济体人力资本素质很高,科技知识掌握较好,知识密集型产业占主导。观察一下试验(iii)对应的图 4-3,这样的经济体基本已经走在平衡的道路上,本身对于农业、工业、服务业的生产及消费已经基本处于后工业化的标准,因此,发展的速度较为缓慢,这对应着现实中的欧美一些发达国家,处于后工业化社会以后,这样的经济体发展速度已经大大降低,结构的变化十分平缓,慢慢趋于稳定,这样的经济体往后的发展空间也许需要我们进一步用观念经济学①的观点去解释,这是我们以后研究的方向。

因此,总结以上,由我们的理论结论及三组数值模拟试验可以得到结论:①如果投资部门有较高的技术进步率,那么经济结构收敛的速度较快,走向平衡的时

① 详见黄江南、朱嘉明,观念经济学原理及现实意义,2014 年网易经济学家年会上的言论。

间较短;②如果初始的经济体发展程度已经较高,服务业消费品已经占有较大份额,生产函数中资本收入份额较低,并且服务业的初始生产率比较高,这样的经济体在三个消费部门的变化趋势平缓,这点类似陈体标(2008)得出的结论。因为这样的经济体本身将要达到或者已经处于去工业化阶段,对于物质消费品变化都趋于稳定状态,这样的经济体更关注的是观念产品[①]的消费,例如文学、旅游、表演、艺术之类的非物质消费品。

四、结论及其现实含义

传统关于宏观经济内生增长的研究,不可避免会用到经济增长的理论模型,在模型的设置中,往往假定资本的动态积累发生在工业部门,鉴于中国统计年鉴指标的特性,目前国内很多学者大部分使用的是固定资本形成总额来代理投资(张军,2004)。在工业社会发展的初期阶段,固定资本形成总额的主要组成部分是投资完成的住宅、非住宅建筑物和机器、设备(减处置)的价值,因此,以往文献中的模型基本都是假设投资只发生在工业部门。然而,在经济新常态背景下,软件产业这种无形的固定资本形成对经济增长起着越来越重要的作用,这便打破了投资只是发生在工业部门的传统。因此,本章在设置增长模型时,首先将投资部门独立出来,建立四部门模型,使用 GBGP 的概念,从“收入效应”和“价格效应”两种机制来分析产业结构变迁,最终实现经济增长和结构变迁的融合。

本章第一个结论的现实含义在于,由于经济的增长率取决于资本品生产部门的技术进步率,那么我们要发展一国经济,就要提高该国的生产资本品部门的技术进步率,例如,加大中国软件产业的研发和创新,这从数值模拟试验(ii)的结果中可看出。本章第二个结论是,对于已经进入后工业化时代的发达国家,其对于物质消费品的改变速度是相对平缓的,在这样的经济体中,人们更关注的是观念产品的消费。最后,针对中国目前的经济发展现状,要调结构、促增长,那么我们就应该加大 IT 等知识产业的研发力度,启动生产性服务业这个产业升级发展的引擎。

本章还有进一步的研究空间:第一,为了简化计算,在本章构建的模型中,假定每个生产部门都有相同的资本收入份额,并且是常数,不会随时间变化而发生改变,这意味着我们的研究不考虑资本深化在结构变迁中的作用,在进一步的研究中,我们可以在本章的基础上添加资本深化对产业结构变迁的影响。第二,本章的研究并没有考虑国际贸易的影响,下一步可以在开放框架中展开研究,这将在第五章介绍。

---

① 一般来说,观念产品是不以物质和物理形式而是以信息和观念形式存在的产品。观念产品可以是精神产品,其价值基础源于观念属性,而非物理属性。

第五章　新常态下国际贸易与工业部门就业的分析

在第四章的分析中，我们得到两个主要的结论：第一，随着经济的发展、生产技术的进步，一方面经济总量出现平衡增长路径的“Kaldor 事实”；另一方面对于三个消费部门而言，各部门中的经济分量出现类似的“Kuznets 现象”。第二，总的经济增长主要取决于投资部门的技术进步率。但是，通过对世界上一些发达国家发展历史的观察，我们不难发现，很多国家工业部门的产值份额和就业份额存在先上升后下降的倒“U”形变化趋势，这与第四章中得到的结论似乎不太相符。由于第四章的研究是在封闭框架中完成的，而当今世界中各国的发展在很大程度上都会受到国际贸易的影响，本章将我们的研究推广到开放框架中，进一步完善第四章的研究。首先，建立开放框架下的理论模型分析；然后使用中国 12 个城市的宏观经济数据建立面板模型进行实证检验，得到国际贸易对工业部门①就业份额倒“U”形影响的结论，求出拐点数值，并分别对 12 个城市的具体状况进行分析。

第一节　国际贸易影响工业部门就业的理论模型

一、理论模型的建立

（一）模型的运行环境

本章考虑国际贸易的影响，在 Matsuyama(2009)和第四章分析的基础上构建模型，首先，我们给出模型的一些设定：假设存在两个国家，即本国和外国，本国指我们将要研究的国家，外国指世界上除了本国以外的其他所有国家的整体。延续第四章的模型进行分析，但由于投资部门在我们分析产业结构时并未影响结构变迁趋势，因此本章不再列出投资部门，只分析消费部门。在消费部门中，本章只关注国际贸易对工业部门演变趋势的影响，因此我们在这里对消费产品重新分类：

① 本章中的工业部门均指的是第二产业部门。

一种是初级产品 p (primary products),可以认为是进行国际贸易中的初级进出口产品,这种产品是自然赋予的,不需要经过加工制造,因此不需要劳动力,并且我们假设本国和外国都赋予了 y 单位的 p 。另外两种分别是工业产品 m 和服务业产品 s 。p 和 m 可以无成本地进行国际贸易,但是 s 不可以进行国际贸易。为了简单起见,本章只分析制造业部门就业份额的演变趋势,因此,假设 m 和 s 的生产只使用劳动力,两个国家都有 1 个单位的劳动力禀赋,这样的假设并不会影响分析问题的实质。最后,我们假设竞争是完全的。

首先说明本章对 p、m 和 s 的设置原因及含义。第一,为了承接第四章的内容并且尽可能地贴近现实。在第四章中,我们把消费品分为农业消费品、工业消费品和服务业消费品,在本章中,我们做了稍许的改动,将农业消费品改为初级产品的消费,它是可以进行国际贸易的,可以将其认为是初级进出口产品中的农业产品,假设它是由自然禀赋得到的,并不需要通过劳动力生产,这样的设置是为了计算上的方便,并且完全不会影响分析问题的实质。不会影响问题分析的本质。第二,工业部门大部分的消费品是可以进行国际贸易的。第三,在服务业消费品中,除去计算机软件这种无形固定资本在生产时可作为投资品之外,其他大部分的消费品是不可以进行国际贸易的。

(二) 生产

这里我们主要针对就业做出分析,因此假设生产要素是使用劳动力而不涉及资本,不牵涉资本的动态积累,那么我们可以将问题简化为静态问题。在下面模型的表示中,我们都将省略掉时间的符号标志“t”。下面我们用 $Y_i(Y_i^*)$,$i\in\{m,s\}$ 记本国(外国)两个部门的产值,这里,有上标“*”的变量都是表示外国的变量,有如下形式的生产函数:

$$Y_i = A_iL_i,\quad Y_i^* = A_i^*L_i^*,\quad i\in\{m,s\}$$

其中:$A_m(A_m^*)$、$A_s(A_s^*)$ 分别表示本国(外国)工业部门的劳动生产率和服务业部门的劳动生产率。

对于生产厂商来说,其目的是极大化各自的利润。我们在前面已经提到,p 是自然赋予的,并不需要生产,它是可以无成本地进行国际贸易的,我们将其作为计价产品,假设其国际价格为 1。工业也是可以无成本地进行国际贸易的,我们用 P_m 记工业部门产品的国际价格。服务业产品不可以进行国际贸易,用 $P_s(P_s^*)$ 记本国(外国)服务业部门产品的价格。假设同一个国家内部,工业部门和服务业部门具有相同的工资率,$w(w^*)$ 表示本国(外国)的工资率。那么本国和外国厂商的利润极大化问题分别为

$$\max_{w}\{P_iA_iL_i - wL_i\} \tag{5-1a}$$

$$\max_{w}\{P_iA_i^*L_i^* - w^*L_i^*\} \tag{5-1b}$$

其中：$i\in\{m,s\}$；$i=m$ 和 $i=s$ 分别表示工业和服务业；$L_i(L_i^*)$ 表示本国(外国)的劳动力份额。

(三) 居民

为简单起见，我们认为本国和外国代表性居民的偏好形式是对称的，因此，我们只写出本国代表性居民的情形，外国居民的情形只需在所有变量加上上标"*"即可。前面我们已经提到，分为三种产品 p、m 和 s，那么居民的消费就分为对这三种产品的消费 c_p、c_m 和 c_s。我们使用经典的 Stone-Geary 偏好形式，在不影响分析的前提下，只取第四章中 $\varepsilon=1$ 时的情形，并假设 $U(C)=C$，具体形式为

$$U(C)=C=(c_p-\bar{c}_p)^{\omega_p}(c_m)^{\omega_m}(c_s+\bar{c}_s)^{\omega_s} \tag{5-2}$$

由于未考虑物质资本，整个问题相当于求解静态问题，那么极大化代表性居民的终身效用，相当于极大化当期效用，我们假设代表性家庭所有的收入来自工资，并且全部用来消费，且每期保持平衡，因此其预算约束为

$$c_p+P_mc_m+P_sc_s=w+y \tag{5-3}$$

(四) 均衡

劳动力市场及产品市场都处于完全竞争状态，劳动力在本国内各部门间是完全流动的，而在国家之间不可流动，那么每期劳动力市场出清条件为

$$L_m+L_s=1,\quad L_m^*+L_s^*=1$$

我们假设每个部门的产品全部用来消费，那么产品市场出清需满足

$$c_p+c_p^*=2y,\quad c_m+c_m^*=A_mL_m+A_m^*L_m^*,\quad c_s=A_sL_s,\quad c_s^*=A_s^*L_s^* \tag{5-4}$$

我们定义模型的完全竞争均衡如下。

定义1　一个完全竞争的均衡是指对于本国和外国产品价格和劳动力价格序列为 $\{P_m,P_s,w,P_m^*,P_s^*,w^*\}$，劳动力结构及消费结构序列为 $\{L_m,L_s,c_m,c_s,L_m^*,L_s^*,c_m^*,c_s^*\}$，满足给定价格序列，劳动力结构及消费结构序列各部门厂商能极大化其利润(见式(5-1))，家庭在满足约束式(5-3)及市场出清条件式(5-4)下，极大化其效用(见式(5-2))。

二、理论模型的求解及分析

(一) 关于厂商

在完全竞争情形下，由一阶条件可以得到

$$P_m = \frac{w}{A_m} = \frac{w^*}{A_m^*},\quad P_s = \frac{w}{A_s},\quad P_s^* = \frac{w^*}{A_s^*}$$

（二）关于居民

代表性居民的问题是在约束式(5-2)下极大化式(5-1)，建立 Lagrange 函数为

$$L = (c_p - \bar{c}_p)^{\omega_p} (c_m)^{\omega_m} (c_s + \bar{c}_s)^{\omega_s} + \lambda(w + y - c_p - P_m c_m - P_s c_s)$$

其中：λ 为 Lagrange 乘子。一阶条件分别为

$$\frac{\partial L}{\partial c_p} = 0 \Rightarrow \omega_p (c_p - \bar{c}_p)^{\omega_p - 1} (c_m)^{\omega_m} (c_s + \bar{c}_s)^{\omega_s} = \lambda \tag{5-5}$$

$$\frac{\partial L}{\partial c_m} = 0 \Rightarrow \omega_m (c_p - \bar{c}_p)^{\omega_p} (c_m)^{\omega_m - 1} (c_s + \bar{c}_s)^{\omega_s} = \lambda P_m \tag{5-6}$$

$$\frac{\partial L}{\partial c_s} = 0 \Rightarrow \omega_s (c_p - \bar{c}_p)^{\omega_p} (c_m)^{\omega_m} (c_s + \bar{c}_s)^{\omega_s - 1} = \lambda P_s \tag{5-7}$$

将式(5-7)除以式(5-5)，整理可得

$$c_p = \frac{\omega_p}{\omega_s} P_s (c_s + \bar{c}_s) + \bar{c}_p \tag{5-8}$$

将式(5-7)除以式(5-6)，整理可得

$$c_m = \frac{\omega_m}{\omega_s} \frac{P_s}{P_m} (c_s + \bar{c}_s) \tag{5-9}$$

将式(5-8)、式(5-9)代入预算约束式(5-3)，可以得到

$$c_s = \frac{\omega_s (w + y - \bar{c}_p) - (1 - \omega_s) \bar{c}_s P_s}{P_s}$$

将其代入式(5-8)，得到

$$c_p = \omega_m (w + y - \bar{c}_p + \bar{c}_s P_s) + \bar{c}_p$$

同理，由对称性，可以得到外国对应的消费为

$$c_s^* = \frac{\omega_s (w^* + y - \bar{c}_p) - (1 - \omega_s) \bar{c}_s P_s^*}{P_s^*},\quad c_p^* = \omega_m (w^* + y - \bar{c}_p + \bar{c}_s P_s^*) + \bar{c}_p$$

由 $c_p + c_p^* = 2y$，得

$$y = \frac{\bar{c}_p + \frac{\omega_p}{2} [w + w^* - 2\bar{c}_p + \bar{c}_s (P_s + P_s^*)]}{1 - \omega_p}$$

由劳动力市场和产品市场出清条件 $L_m + L_s = 1, c_s = A_s L_s$，得

$$L_m = 1 - \frac{c_s}{A_s} = \frac{2\omega_m + \omega_p \omega_s}{2(1 - \omega_p)} \left(1 + \frac{\bar{c}_s}{A_s}\right) - \frac{\omega_p \omega_s}{2(1 - \omega_p)} \left(\frac{A_m^*}{A_m} + \frac{\bar{c}_s}{A_s^*} \frac{A_m^*}{A_m}\right) \tag{5-10}$$

由对称性，得到外国相应的工业劳动力份额为

$$L_m^* = 1 - \frac{c_s}{A_s} = \frac{2\omega_m + \omega_p \omega_s}{2(1 - \omega_p)} \left(1 + \frac{\bar{c}_s}{A_s^*}\right) - \frac{\omega_p \omega_s}{2(1 - \omega_p)} \left(\frac{A_m}{A_m^*} + \frac{\bar{c}_s}{A_s} \frac{A_m}{A_m^*}\right) \tag{5-11}$$

下面的分析主要是本国工业部门劳动力的变化，我们观察式(5-10)，外国的情

况可以类似分析。很显然，本国和外国工业部门、服务业部门生产率 A_m、A_m^*、A_s、A_s^* 的提高均会影响本国工业劳动力的变化，我们从 A_s、A_s^*、$\frac{A_m^*}{A_m}$ 这三个变量的变化来分析本国工业劳动力份额的变化。首先，很显然，A_s 的提高会降低本国制造业劳动力的份额，A_s^* 的提高会增加本国工业劳动力的份额，下面来看 $\frac{A_m^*}{A_m}$ 的改变对本国工业劳动力份额的影响。假设起初本国是较发达国家，那么有 $\frac{A_m^*}{A_m} < 1$，下面分两种情形来讨论。

情形(i) $\frac{\Delta A_m}{A_m} > \frac{\Delta A_m^*}{A_m^*}$

在这种情形下，很显然可以得到 $\frac{A_m^* + \Delta A_m^*}{A_m + \Delta A_m} < \frac{A_m^*}{A_m}$，我们可以理解为：对于起初较发达的国家来说，如果该国工业部门生产率提高的相对幅度比较大，即 $\frac{\Delta A_m}{A_m} > \frac{\Delta A_m^*}{A_m^*}$，那么有 $\frac{A_m^* + \Delta A_m^*}{A_m + \Delta A_m} < \frac{A_m^*}{A_m}$，即对于起初较发达的国家来说，经过本国工业部门生产率较高程度的提高后，$\frac{A_m^*}{A_m}$ 是降低的，观察式(5-10)，这样的变化会增加本国工业部门的劳动力份额，即 $\Delta L_m > 0$。

情形(ii) $\frac{\Delta A_m}{A_m} < \frac{\Delta A_m^*}{A_m^*}$

在这种情形下，很显然可以得到 $\frac{A_m^* + \Delta A_m^*}{A_m + \Delta A_m} > \frac{A_m^*}{A_m}$，我们可以理解为：对于起初较发达的国家来说，如果该国工业部门生产率提高的相对幅度比较小，即 $\frac{\Delta A_m}{A_m} < \frac{\Delta A_m^*}{A_m^*}$，那么有 $\frac{A_m^* + \Delta A_m^*}{A_m + \Delta A_m} > \frac{A_m^*}{A_m}$，即对于起初较发达的国家来说，经过该国工业部门生产率较高程度的提高后，$\frac{A_m^*}{A_m}$ 是增加的，观察式(5-10)，这样的变化会降低本国工业部门的劳动力份额，即 $\Delta L_m < 0$，根据上面的分析，随着技术的进步和经济的发展，当 A_m、A_m^*、A_s、A_s^* 均有所提高时，工业部门劳动力份额的变化是不确定的，下面我们以发达国家美国为例，来分析该国工业部门劳动力份额的演变趋势。

在 19 世纪初期，美国处于工业化早期阶段，可以认为该国和外国的服务业发展滞后，进步很慢，相对于飞速进步的工业发展，我们可以把这个阶段 A_s、A_s^* 的提高忽略不加考虑。相比世界上大多数国家，把美国当成我们研究的国家，那么初

始有 $\frac{A_m^*}{A_m}<1$,在 19 世纪初期,美国开始本国的工业化革命,主要是先从发展生活资料的生产部门开始的。到了 19 世纪 30—70 年代,美国的工业开始迅速发展。首先是棉纺织业开始迅速发展,再是铁路、重工业的发展。由于科学成果被不断地转化为生产力,美国的传统产业先后完成了技术改造与更新,机械化水平居世界前列,在 19 世纪的后 40 年里,美国的工业增长率始终高达 4%以上,这是世界上首屈一指的。1860 年,美国成为仅次于英国的世界第二大制造业国家,1900 年,在美国工业中领先的已有钢铁工业、屠宰工业、机械制造业、制材工业。美国国际贸易,直到 1894 年主要是输出原料——棉花、小麦、羊毛及小量矿业产品,1894 年以后,已经以输出工业品为主了。那么我们可以看到,就美国的这个工业化阶段来说,其制造业部门生产率提高的相对幅度远远大于世界上其他国家制造业部门生产率提高的相对幅度,即 $\frac{\Delta A_m}{A_m}>\frac{\Delta A_m^*}{A_m^*}$,属于上面分析的情形(i)。因此,美国的工业化时期,对于工业部门,有 $\frac{A_m^*}{A_m}<1$,且$\frac{\Delta A_m}{A_m}>\frac{\Delta A_m^*}{A_m^*}$,对于这个时期的世界各国,经济都处于比较落后阶段,美国的发展也主要集中在农业部门和工业部门,外国欠发达国家更是处于停滞状态,因此在服务业部门,我们可以近似地认为:$\Delta A_s=0$、$\Delta A_s^*=0$,这样作用起来的总体效果是导致该国工业部门的劳动力份额不断上升,即 $\Delta L_m>0$ 。

19 世纪末,20 世纪初,美国基本上完成了工业化,在这之后的阶段,美国经济发展的特征发生了重大转变,大多数劳动力不再从事农业或工业,而是从事服务业。生产方面的重心由商品生产转变为服务类型产品的生产,具有专业和技术类型的职业处于优先地位阶段,那些具有创造性的“知识技术”在经济发展中具有重要地位。高技术和信息技术产业快速发展,科技产业、教育与培训业、信息产业、文化产业、知识密集型服务业等,成为增长和就业的明星。这个阶段的美国,服务业生产率得到较大程度上的提高,我们已经不能忽略 A_s 的提高了。与此同时,在完成了工业化革命后,美国工业部门的发展处于停滞阶段,而世界上其他国家,诸如中国等一些发展中国家开始了工业化,由于该国的高能耗企业和工厂为追求资本利润的最大化而迁往那些寻求经济发展、人口密集、劳动力成本低廉的发展中国家,例如中国就是承载了大量来自美国工业工厂的最大国家,承接了当代“世界工厂”的美名,大部分工业产品开始由类似中国这样的发展中国家生产并出口给发达国家。把美国作为研究国家,对应于该国的这个去工业化阶段,主要显著特点是本国服务业生产率有较大提高,即 $\Delta A_s>0$,而这个阶段的外国欠发达国家主要集中在发展农业和工业,服务业可以近似认为发展停滞,即 $\Delta A_s^*=0$,由于这个阶段的美国工业已经达到了十分发达的程度,其主要的发展转移到服务业部门的发展，虽然美国的工业部门初始生产率大于外国生产率，但外国的工业在这个阶段提高的相对幅度大于本国提高的相对幅度，即 $\frac{A_m^*}{A_m}<1$ 且 $\frac{\Delta A_m}{A_m}<\frac{\Delta A_m^*}{A_m^*}$，属于上面分析的情形(ii)，综合这样的变化，总体效果是本国工业部门劳动力份额不断下降，即 $\Delta L_m<0$。

经过上面的分析，我们进一步总结了国际贸易在使工业部门就业比重出现倒"U"形状中"拐点"出现的机制：由传统的比较优势理论，由于一国在工业化起步阶段会聚集大量廉价劳动力，那么在工业化早期阶段，得益于该国的人口红利，将会在劳动力密集型产品上具有比较优势，这便是中国参与国际分工的基础，然而，随着贸易开放程度的提高，该国在工业部门会经历研发等知识生产活动的快速发展，这必将带来工业部门劳动生产率的提高，那么随着该国在劳动力密集型最终产品的生产方面效率的提高，同样多的货物的出口活动将不再需要同样多的劳动力，这将会驱动更多的劳动力参与到服务业部门的生产活动中，从而带来工业部门就业比重的下降。因此，拐点出现的关键在于研发部门须有足够投入知识生产活动并带来生产率的提高，如果研发部门得不到足够的投入而使知识生产活动受到限制，那么劳动力将不会被释放到服务业部门，随着国际贸易程度的提高，工业部门的就业比重也会随之增加，服务业的发展会进一步受到抑制，将不利于工业化的进一步发展。因此，从长远来看，如果国际贸易进一步发展，开放程度的提高使一国的大量资源仅仅只用于制造业部门产出水平的短期上升上，而不是诸如科技研发、人力资本建设这类长期增长的推动要素方面，那么在这种情况下，国际贸易的进一步发展将不再利于该国的工业化进程。

第二节 国际贸易影响工业部门就业的实证分析

在上一节中，我们建立开放框架中的理论模型来分析国际贸易的存在对工业部门的就业份额产生的影响，即长期来看，一个国家的国际贸易在该国的发展初期阶段，对该国工业部门就业的影响可能是正向的，当该国工业发展到一定程度，并且本国的服务业开始加速发展时，工业部门的国际贸易对该国该部门的就业份额的影响可能是负向的。在本节中，我们选取中国 12 个城市——北京、上海、广州、深圳、天津、南京、杭州、无锡、苏州、济南、重庆和西安，以它们在 1985—2012 年间的面板数据作为研究对象展开我们的实证分析。之所以选择这 12 个城市，是基于以下几个原因的考虑：第一，模型中所涉及变量数据的可获得性。在我们的理论模型分析中包含了一个国家或地区从工业化的初期到工业化的后期阶段，期间涉及的年份比较长，这样就需要对一个发展程度已经基本处于发达国家水平的国家或地区进行考察，需要其长期发展的经济数据来研究其趋势，才会更加匹配我们的理论分析，由于数据的可获得性，我们没有选择一个国家作为对象进行研究；第二，在这12个城市中，有中国的一线城市：北京、上海、广州、深圳，也有中国的二线城市：天津、南京、杭州、无锡、苏州、济南、重庆、西安，这12个城市处于工业化进程的不同阶段，产业结构具有一定的差别，在从1985年至2012年这28年的发展历程中，所经历的变化也不尽相同，这便囊括了工业化的不同时期，更加匹配我们理论模型的研究。鉴于以上两点，我们认为使用中国这12个城市1985—2012年间的面板数据来验证我们的理论模型具有一定的合理性。

一、实际问题的描述

首先，我们给出国际贸易和工业部门的就业份额这两个变量的统计描述和分析。先看国际贸易这个变量，关于它的代理在本节的研究中十分关键。关于国际贸易与经济增长实证研究的文献中，一般使用进出口贸易总额与GDP的比值来代理这个变量，这种代理方法综合考虑了进口和出口，能够较好地反映一个国家的国际贸易状况。也有一些文献使用出口总额与GDP的比值来代理这个变量。还有一些文献，选取贸易差额与国民生产总值的比值来代理这个变量。根据本章研究问题的需要和上面理论模型的推导分析，可以看出，本章着重分析出口活动对一国或地区工业部门就业份额演变所产生的影响，因此我们这里使用出口总值与该地GDP的比值来代理国际贸易这个变量，将其称为出口依存度，用tra表示。再看工业部门的就业份额这个变量，它是工业部门的就业人数与总就业人数的比值，用memp来表示[①]。图5-1和图5-2分别画出这12个城市出口依存度和工业部门就业份额的变化趋势，其中city1～city12依次表示北京、上海、广州、深圳、天津、南京、杭州、无锡、苏州、济南、重庆、西安。

我们先来看出口依存度的变化趋势。由图5-1可以看到，除了北京以外，其余11个城市在20世纪80年代的出口依存度普遍偏低，之后呈慢慢走高的趋势。作为我国首都的北京其开放程度一直不低，出口依存度在1985年就达到49.96%，最高为1994年达到62.78%，最低为2012年达到21.05%，此间虽有所下降和上升的波动，但变化一直比较平稳；上海自1985年开始便基本保持上升的趋势，从2002年开始，上海的出口依存度超过了45%，之后一直呈上升的趋势，到2007年高达87.60%，之后稍有下降，不过始终在60%以上；广州在1993年出口依存度开始超过45%，之后虽略有下降，但基本保持在30%至40%之间的较高水平；深圳开放度一直较高，自1986年便超过45%，之后一直保持在50%以上，大部分年份在70%以上；天津开放程度也较高，大部分年份在30%至40%之间，还有部分年

① 数据均来自于中国统计年鉴各期。

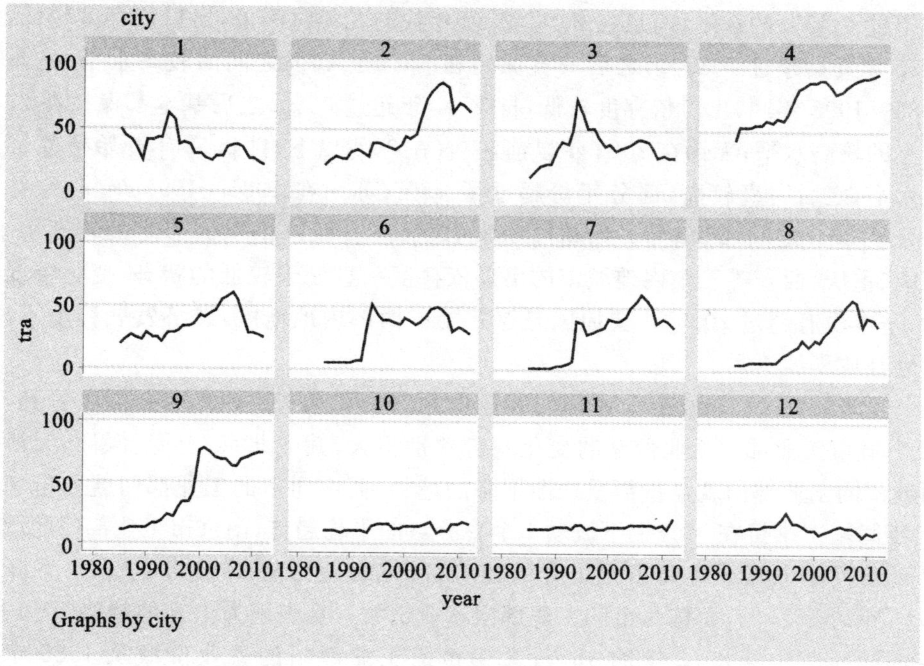

图 5-1　12 个城市工业部门出口依存度变化趋势

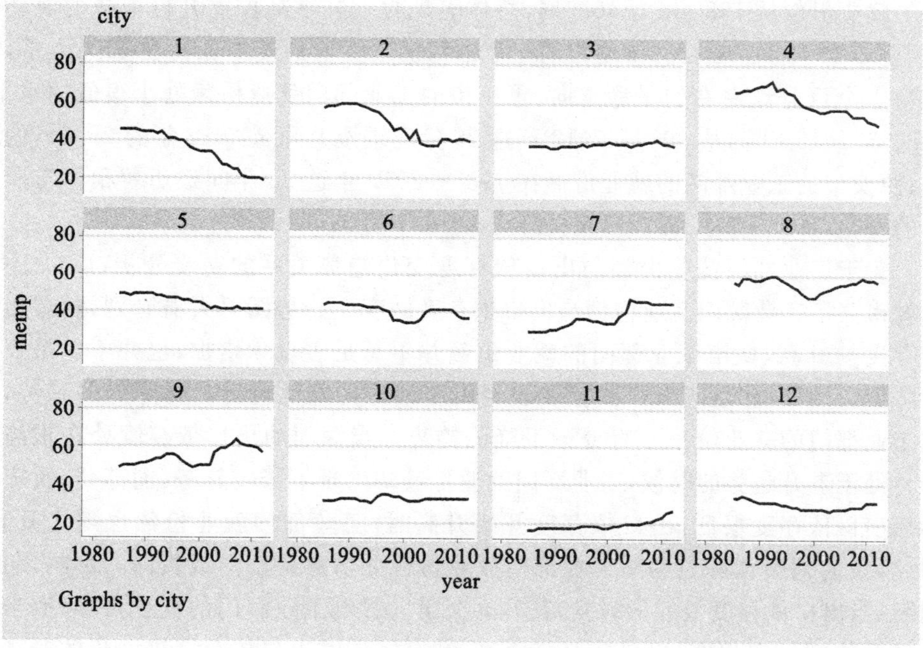

图 5-2　12 个城市工业部门就业份额变化趋势

份超过了45%的水平;南京在20世纪80年代的几年时间里,出口依存度较低,自1993年开始超过了35%,之后一直保持在35%至40%之间的较高水平;杭州在1985—1993年间,出口依存度较低,自1994年超过35%,之后基本都保持在35%以上的较高水平;无锡在2002年以前,一直在30%以下,自2003年开始超过30%的水平,之后一直较高,部分年份超过了45%;苏州在1985—1993年间,维持在10%至20%之间,2000年开始超过60%,之后一直保持在60%以上的较高水平;济南、重庆、西安等三个内地城市的出口依存度一直处于较低的状态,变化幅度不大,基本没有超过20%,主要原因是这几个中西部内地地区,经济发展程度不高,对外开放程度不足。

再来看这12个城市工业部门就业份额的变化趋势。由图5-2可以看到,这12个城市工业部门就业份额的变化趋势差别很大,其中北京、上海、深圳、天津等四城市的工业部门就业份额呈逐渐下降的趋势,而广州市的工业部门就业份额在28年间基本维持在37%上下波动1个百分点的平稳趋势;南京市工业部门的就业份额经历着小幅下降又小幅上升的趋势,总体表现为从1985年的44%下降至2012年的36.8%;而杭州市的工业部门就业份额一直表现为上升的趋势,从1985年的30%上升至2012年的45%;无锡市的工业部门的就业份额从1985年的56.3%先下降至2000年的48.1%后又上升至2012年的57.5%;苏州市的工业部门的就业份额从1985年为48.2%,总体表现为上升下降再上升再下降的波动趋势,至2012年为56.9%;济南市的工业部门的就业份额基本保持在31%上下,幅度为1个百分点左右的平稳走向;重庆市的工业部门就业份额处于很低的水平,1985年为15.6%,从1985—2012年这28年间缓慢上升至2012年的25.9%的水平;西安市的工业部门的就业份额在1985—2012年这28年间经历着稍稍有所下降的变化,1985年为33.2%,缓慢降至2012年的31.6%。

关于工业部门就业份额与出口依存度变化趋势关系的初步分析:由以上12个城市关于工业部门就业份额与出口依存度的变化趋势图可大概看到,随着出口依存度的升高,城市工业部门的就业份额并不总是表现为增加,也并不总是表现为降低。例如,北京的出口依存度表现出小幅的先降低再升高再降低的趋势,但是工业部门的就业份额一直处于下降的趋势。当深圳的出口依存度处在很高状态且处于上升趋势的时候,工业部门就业份额却出现下降的趋势,而苏州、重庆在早期出口依存度很低,出口依存度开始升高时,工业部门就业份额也随之升高。因此,我们判断国际贸易对工业部门就业份额并不总是正向或负向的影响,初步判断:当出口依存度很低的时候,其升高会正向影响工业部门的就业份额,而当该地区开放到一定程度,出口依存度很高的时候,这时出口依存度进一步的升高反而会降低工业部门的就业份额。下面建立合适的计量模型进行实证分析。

二、计量模型的建立

基于上面的理论分析以及数据的统计描述和直观分析，认为出口依存度对工业部门的就业份额影响可能在出口依存度较低时为正向的影响，而当出口依存度较高时，会出现负向的影响。事实上，国内外文献在分析国际贸易对经济增长造成的影响时，都得到国际贸易对经济增长可能存在倒"U"形的影响，并且利用实证分析验证了国际贸易对经济增长造成影响的倒"U"形关系，例如 Lai 等(2006)就曾提到过国际贸易对经济增长可能存在倒"U"形的影响，包群(2008)通过分析也得到，国际贸易对经济增长的倒"U"形影响，并用中国的面板数据验证了国际贸易与经济增长的倒"U"形关系。下面我们基于中国 12 个城市从 1985—2012 年间的面板数据，在上面理论模型和数据描述的分析基础上，对出口依存度与工业部门就业份额演进的影响做出经验分析。依照理论模型和上述数据描述分析的结论，我们不仅考虑出口依存度对工业部门就业份额的线性影响，而且将出口依存度的平方放入计量模型中来验证理论中得到的国际贸易对工业部门的就业份额是否会产生倒"U"形的影响[①]，具体计量模型估计方程式为

$$\mathrm{memp}_{it} = C_{it} + \beta_1 \mathrm{tra}_{it} + \beta_2 \mathrm{tra}_{it}^2 + \beta_3 \mathrm{CV}_{it} + \varepsilon_{it} \tag{5-12}$$

其中：memp_{it} 表示从 1985—2012 年间的第 $t(t=1,2,\cdots,28)$ 年[②]第 $i(i\in\{1,2,\cdots,12\})$ 个城市[③]的工业部门的就业份额；C_{it} 表示会对工业就业份额产生影响但并未考虑进入模型的一些因素，例如，人力资本积累、劳动投入增长率、城镇化率、地理位置、政府的发展政策等，由于这些因素在数据统计上的限制或度量上的困难，我们没有一一列入模型，只是作为影响被解释变量的表示截面、特定效应的变量列入模型；tra_{it} 表示第 t 年 i 城市的出口依存度；tra_{it}^2 是出口依存度的平方，用来考虑出口依存度会对工业就业份额的倒"U"形的影响；CV_{it} 表示影响工业部门就业份额的其他控制变量(control variables)；ε_{it} 为误差项。

下面介绍模型中的控制变量 CV_{it} 包括的内容。我们借鉴大多数关于国际贸易对经济产生影响的实证文献(Barro，1991；Frankel 等，1996)及包群(2008)的计量模型，并考虑到本书所考察的被解释变量为工业部门的就业份额，我们认为控制变量应该主要包括工业部门的投资率(inv_{it})、政府支出(gov_{it})、工业部门的产值份额(my_{it})，下面具体解释为什么选择这三个控制变量放入模型作为模型的控制变量，以及它们的度量方法。

---

① 由于样本区间不足够长，我们仅用出口依存度对工业就业份额的二次影响关系来表示倒"U"形影响，考虑到中国改革开放以来出口对工业就业影响的现实，这个假设是合理的。

② 其中 $t=1$ 代表 1985 年，$t=2$ 代表 1986 年，依次往后推。

③ 其中 $i=1,2,\cdots,12$ 依次表示北京、上海、广州、深圳、天津、南京、杭州、无锡、苏州、济南、重庆、西安。

工业部门的产值份额(my_{it}):采用各城市工业部门的当年产值与该城市的GDP之比来衡量,在我们的模型中,这是一个控制变量,显然其大小在很大程度上影响着工业部门就业份额的大小,直观上看,工业部门的产值份额大,就业份额也会比较大,但是,由于国际贸易的影响,及受工业部门劳动生产率增加的影响,这个关系也并不总是成立,不过,总体来看,直观上会有较高的产值份额对应较高的就业份额,我们预期这个变量的符号为正。

工业部门的投资率(inv_{it}):采用当年的工业部门的新增投资与当年GDP之比来度量。我们由就业理论清楚知道,就业是由总需求所决定的,而总需求由消费需求、投资需求、政府需求决定,因此,投资会在很大程度上影响一国的就业。本节中将研究工业部门就业的变迁趋势,因此我们使用工业部门每年新增加的投资与当年GDP的比值作为投资率的代理,这样更加贴切地反映出这个变量对工业部门就业的影响。将投资率作为控制变量,研究其对经济活动造成的影响,这是很多实证文献的做法,例如,Easterly和Rebelo(1993),Devarajan等(1996),严成樑和龚六堂(2009)。投资率较高会刺激居民的需求,使经济更加具有活力,这样会增加社会就业,因此,我们预期它的系数符号为正。

政府支出(gov_{it}):采用政府当年支出与当年GDP的比值来衡量,本节中将其作为控制变量来分析政府的财政政策对工业部门就业造成的影响。政府的支出会对经济活动造成影响,这在以往的研究中是较常见的,例如Barro(1991),Easterly和Rebelo(1993),Frankel等(1996),Devarajan等(1996),Durlauf和Quah(1999),Kneller等(1999)在研究经济增长时均将这一变量作为控制变量。很显然,政府支出影响经济增长进而会影响就业,这在我国也有很多研究,例如孙胜利(2003)、"中国失业问题与财政政策研究"课题组(2005),对政府支出对就业的影响都有所分析。利用加大政府的支出来促进就业,这在以往很多国家都存在。例如,在20世纪30年代西方经济危机时,美国政府通过增加政府支出,修建铁路、公路等基础设施,从而提供了较多的就业岗位。我国在进入21世纪后,也一直面临失业问题,我国政府增加财政支出中的支农资金及增加教育支出,来扶持就业培训机构及教育机构,这样可以提高广大居民的就业能力,政府的支出会对工业就业产生影响也是显然的。其系数的符号在众多的实证研究中并没有统一的结论,正负都有可能,在合适一定程度范围内的支出是有利于就业的。下面将各变量符号及度量汇总在表5-1中。

表5-1 各变量符号表示及其度量

变量	变量名称	变量符号表示	变量度量
被解释变量	工业部门就业份额	$memp_{it}$	第二产业从业人员/总从业人员×100%

续表

变　　量	变量名称	变量符号表示	变量度量
解释变量	出口依存度	tra_{it}	出口/GDP×100%
	出口依存度的平方	tra_{it}^2	(出口/GDP×100%)^2
	工业部门投资率	inv_{it}	社会固定资产投资额用于工业部门的量/GDP×100%
	政府支出	gov_{it}	政府支出/GDP×100%
	工业部门产值份额	my_{it}	工业部门产值/GDP×100%

三、国际贸易影响工业就业的实证结果

本节将使用 Eviews 软件进行实证分析。首先我们利用 Hausman 检验来选择使用固定效应模型，还是随机效应模型，检验结果 $p=0.0000$，表示拒绝随机效应模型，则应选择用个体固定效应模型。我们选用离差变换(within)的方法对计量模型式(5-12)进行回归，$F=337.5074$，调整后的 $R^2=0.9414$，模型整体回归结果显著，我们将详细结果列入表 5-2 中。

表 5-2　面板数据估计结果

解释变量	估计结果	个体固定效应			
C_{it}	8.5387 (3.6690)***	北京	−0.1487	杭州	−2.7306
my_{it}	0.4572 (10.7409)***	上海	4.2411	无锡	6.4818
inv_{it}	0.3734 (6.5460)***	广州	−1.4235	苏州	5.4313
gov_{it}	−0.0924 (−1.4719)	深圳	22.1790	济南	−7.3905
tra_{it}	0.3768 (10.8617)***	天津	−0.0031	重庆	−20.4624
tra_{it}^2	−0.0042 (−10.7055)***	南京	−0.5974	西安	−5.5770

注释:“＊＊＊”、“＊＊”、“＊”分别代表估计系数通过 1%、5%、10%显著性水平检验。

从表 5-2 可以看到计量回归的结果，针对这些结果，我们给出其实际意义上的解释。

工业部门的产值份额(my_{it})。从回归结果来看，这个变量的估计系数显著为

正，通过了1%的显著性水平检验，这符合常识，因为在产业部门的生产率并不高于其他产业的时候，较高的产值比重会对应着较高的就业人员比重。

投资率(inv_{it})。这里使用第二产业的投资率，也即第二产业投入的绝对量占当年GDP的份额。从回归结果来看，投资率对工业就业份额的影响显著为正，通过了1%的显著性水平检验，这也符合常识，在工业部门投入较多生产要素的情况下，工业部门的生产规模较大，那么必然会产生较多的就业人员来完成该部门的生产活动，这也与Levine和Renelt(1992)，Temple(1999)使用跨国数据做的关于要素投入与经济增长的实证经验研究结论较为一致，也与包群(2008)关于中国1990—2003年的29个省份的面板数据与中国的国际贸易与经济增长的实证研究结论类似。

政府支出(gov_{it})。这里使用政府当年的公共支出与当年GDP的比值来衡量政府支出，这反映政府活动在多大程度上如何影响该部门的就业。通过回归分析，得到结果为，政府支出对工业就业份额的影响为负，但未能通过10%的显著性水平检验，这也说明政府增大公共支出对促进工业部门的就业份额的影响并不那么明显，为什么会有这样的结果呢？因为当政府增大公共支出时，便在一定程度上会促进经济增长，促进社会上各个行业的就业，但对工业部门就业的促进作用与对农业部门就业和服务业部门就业的促进作用相比，哪个更为突出，却是不确定的，如果政府支出在很大程度上促进了服务业部门的就业，那单看工业部门的就业份额变化，可能就不是促进的作用了。另外，我们并没有将政府支出区分为生产性支出还是消费性支出，在许多关于政府支出的实证研究文献中，政府的消费性支出对经济各方面起负向作用，因此，这里的结果为负，并且不显著。

下面我们重点关注国际贸易对工业部门就业份额的影响。从表5-2可以看出，tra_{it}在计量式(5-12)中的系数为0.3768，tra_{it}^2的系数为−0.0042，并且都通过了1%的显著性水平检验，这说明出口依存度对工业部门的就业比重呈现倒“U”形的影响，即当出口依存度较低的时候，出口依存度的增加对工业部门就业份额的影响是正向的，当出口依存度继续升高，超过某个临界值后，出口依存度的继续增加会促使工业部门就业份额下降，并且这个临界值为$tra^* = 44.86$(即是二次函数的顶点横坐标$-\frac{0.3768}{2\times(-0.0042)}$)，它的经济含义是：在出口依存度低于44.86%时，出口依存度的提高将会增加该城市的工业部门的就业份额，当出口依存度高于44.86%时，出口依存度的进一步提高将会降低工业部门的就业份额。这里我们需要指出：由于前面我们根据本书的理论分析给出出口与该市GDP的比值来代理，那么我们来关注这12个城市对外依存度的情况：作为我国首都北京其开放程度一直不低，出口依存度在1985年就达到了49.96%，此后有所下降和上升的波动，但最低也在21%以上，大部分年份在30%至40%之间，只有极少年份的出口依存度在倒"U"形曲线的右半边部分，上海在2002—2012年间、广州在1993—1998年间，深圳在1986—2012年间、天津在2002—2007年间、南京在2005—2007年间、杭州在2004—2008年间，无锡在2005—2008年间、苏州在2000—2012年间，出口依存度都位于倒"U"形曲线的右半边部分，这说明这些城市在这些年间出口依存度的增加会降低该城市工业部门的就业比重；这些城市的其他年份，以及重庆、济南、西安一直都位于倒"U"形曲线的左半边部分。结合中国的现实情况，中国北京、上海、广州、深圳这四大一线发达城市，开放程度一直不低，还有位于港口的天津和长三角一带的南京、杭州、苏州、无锡，由于我国改革开放以来为了实现工业化的策略，在这些地区搞出口加工，飞快实现制造业的加工出口，因此这些城市的出口依存度是较高的，并且经济增长迅速，处于发展的前列，基本处于工业化的后期阶段或有的已经超前完成了工业化，此时，这些城市中的大多数劳动力不再从事农业或制造业，而是从事服务业，出口的继续增加会降低该城市工业部门的就业。由于生产方面的重心由商品生产转变为服务类型产品的生产，具有专业和技术类型的职业处于优先地位阶段，那些具有创造性的"知识技术"在经济发展中具有重要地位。高技术和信息技术产业快速发展，科技产业、教育与培训业、信息产业、文化产业、知识密集型服务业等，成为增长和就业的明星。处于这个发展阶段的城市，服务业生产率得到较大程度上的提高，而制造业部门的发展处于缓慢进展阶段，而其他城市和世界上的其他发展中国家，开始承载大量来自制造业的生产，把这几个较发达城市作为研究对象，主要显著特点是这些城市服务业生产率有较大提高，即 $\Delta A_s > 0$，而这个时期的欠发达城市主要集中在发展农业和制造业，服务业可以近似认为发展停滞，即 $\Delta A_s^* = 0$，由于在这个阶段，这些城市制造业已经达到了十分发达的程度，其主要的发展转移到服务业部门的发展，虽然这些发达城市的制造业部门初始生产率大于其他城市生产率，但是其他城市的制造业在这个阶段提高的相对幅度大于这些城市提高的相对幅度，即 $\frac{A_m^*}{A_m} < 1$，且 $\frac{\Delta A_m}{A_m} < \frac{\Delta A_m^*}{A_m^*}$，属于上面分析的情形(ii)，综合这样的变化，总体效果是这几个城市的制造业部门劳动力份额不断下降，即 $\Delta L_m < 0$。需要说明的是，广州是个例外的城市。一直以来，广州得益于良好的地理位置，自秦汉至明清，一直是中国国际贸易的重要港口城市，广州也是中国重要的工业基地，并且是华南地区的制造中心，多年的制造业发展和经济发展使广州形成了门类齐全、外向型的工业体系，不但轻工业较为发达，重工业也有一定基础，同时综合配套能力较好、科研技术能力较强和产品开发能力也较强。中国总共才有40个工业大类，而广州就拥有34个工业大类，广州的工业增加值在广州GDP中的份额超过1/3，广州的三大支柱产业是电子通信、汽车制造和石油化工，它们的产值占到广州工业总产值的1/3，

2013年，广州完成规模以上工业总产值17310.24亿元，同比增长12.9%，规模以上工业实现高新技术产品产值7443.40亿元，同比增长14.6%，全年规模以上汽车制造业、电子产品制造业和石油化工制造业三大支柱产业完成工业总产值8089.49亿元，增长16.3%，因此广州工业部门的劳动力一直处于居高不下的状态。其他内地城市，如济南、重庆、西安，还处于工业化中期向后期发展的阶段，工业发展也比较落后，工业的就业份额也不如其他几个城市的高，开放程度一直比较低，都还处于倒“U”形曲线的左半边，出口依存度的提高会增加这些城市的工业部门的就业比重。

最后，我们来看在计量模型式中反映12个城市个体固定效应的系数值。通过分析可以看到，系数值最高的是深圳，其次是无锡、苏州和上海，主要是发达的长三角一带的城市，系数值最低的是重庆，其次是济南和西安，主要是内地城市。由于这一项反映的是计量模型式中未考虑进来的可能会对工业就业份额产生影响的一些因素，例如，人力资本积累、劳动投入增长率、城镇化率、地理位置、政府的发展政策等，这说明深圳、无锡、苏州、上海这几个城市的这些未被考虑进模型的因素会使该城市工业部门的就业在该城市总就业人口中占有较高的份额，比方说，深圳、无锡、苏州、上海这些地方本身地理位置比较优越，政府的开放政策也较好，那么较多的拥有较高素质的劳动力会流向这些城市从事工作，主要是针对出口国外的加工制造工作，相应会使这些城市拥有较高的工业部门就业份额，而像重庆、济南、西安这些内地城市，由于地理位置的劣势，劳动力薪水也较低，再加上当地政府在对外贸易上的政策并不鼓励出口，并且这些城市在加工制造业方面并不发达，那么这些城市在劳动力积累方面，以及城镇化方面都是落后其他长三角和珠三角城市的，因此这些未被考虑进模型的因素会降低这些城市工业部门的就业份额。

鉴于对以上回归结果的分析得到结论：深圳、上海、苏州这三个城市出口依存度的进一步提高会降低工业部门的就业份额，促使这些城市的劳动力流向服务业部门；而北京、上海、广州、天津、南京、杭州、无锡出口依存度也比较高，再稍稍提高，会增加这些城市的工业就业；重庆、济南、西安这三个城市的出口依存度较低，继续提高会增加这些城市的工业部门的就业份额，促进这些城市的工业化进程。

四、新常态下国际贸易影响工业就业的结论

在本章中，我们延续第四章的研究，在开放框架中考虑国际贸易对工业部门就业的影响。首先建立理论模型，由理论模型分析得到国际贸易的发展程度对工业部门的就业比重会产生倒“U”形影响的结论，即在工业化初期阶段和中期阶段，国际贸易程度的提高会增加工业部门的就业比重，而工业化后期阶段或者进入信息化社会之后，国际贸易程度的提高并不会进一步增加工业部门的就业比重，反

而会降低工业部门的就业比重，这一结论进一步完善了第四章中提出的关于产业结构变迁的结论。接着，我们用中国 12 个处于不同发展程度的城市 1985—2012 年间的面板数据，对我们的理论结论进行实证分析，验证了理论模型的结论。

这一部分的结论对中国国际贸易与工业化的发展有怎样的启示？我们从以下两点进行阐述：首先，通过对上面理论模型的分析可以看到，国际贸易程度与工业化发展程度的关系在很大程度上依赖于中国要素禀赋结构、生产结构、工业部门的研发效率，以及中国与世界上其他国家的生产技术差距等，特别是中国工业部门研发活动的投入和中国工业部门的生产效率、服务业部门的生产效率与世界上其他国家的差距，这将是国际贸易程度与工业部门就业产生倒“U”形关系的关键原因，因此，中国在制定贸易政策时不能仅仅将贸易政策视为孤立的外生变量，必须充分考虑贸易政策与其他政策之间的有效互补与配套；其次，利用前面提到的国际贸易与工业部门就业出现拐点的原因来具体分析中国自改革开放以来所经历的过程。中国在改革开放初期，工业处于起步阶段，当时中国拥有大量廉价劳动力，大量的闲散劳动力集聚在农业部门，随着中国经济的发展和国际贸易程度的提高，中国很多工业品产量已经位居世界第一，中国开始为世界市场大量提供出口产品，大量农村闲散的劳动力开始涌入工业部门，这个时期得益于中国的人口红利，中国工业部门就业比重开始上升，但是，随着国际贸易程度的进一步发展，如果中国在研发部门得不到足够的投入而使知识生产活动受到限制，那么劳动力将不会被释放到服务业部门，随着国际贸易程度的提高，工业部门的就业比重也会随之增加，服务业的发展也会进一步受到抑制，将不利于工业化的进一步发展。因此，从长远来看，如果国际贸易进一步发展，开放程度的提高使得一国大量的资源只用于制造业部门产出水平的短期上升上，而不用于诸如科技研发、人力资本建设这类长期增长的推动要素方面，国际贸易这时的进一步发展将不再有利于该国的工业化进程。因此，我们需要在研发部门及人力资本积累方面多做投入，以使这些能促使经济长期增长的推动要素得到较好的发展。

虽然通过理论结合实证的分析得到了一些结论，但也存在没有涉及的研究和有待进一步改进的研究，具体如下：已有的研究都是在假定农业部门和工业部门的产品可以进行国际贸易，而并未考虑服务业的国际贸易，这与现今的国际形势已经不相符，那么在考虑服务业的对外贸易情况下，“制造-服务”的国际分工对我国产业结构的变迁产生怎样的影响？我国服务业的对外贸易有什么样的特点？我们将在下面两章研究这些问题。

第六章　新常态下中国产业结构转型缓慢的因素分析

在第五章中，我们已将研究推广到了开放框架中，使用理论模型结合实证分析得到国际贸易对工业就业的倒“U”形影响的结论。但是在第五章的理论分析中，我们假定服务业消费品是不可以进行国际贸易的，这一点与当今国际中的实际情况并不相符。另外，中国近些年出现经济多年高速增长而产业结构转型缓慢的现象。基于以上两点的考虑，本章将从国际分工的视角研究新常态下中国出现产业结构演进滞后于经济增长这一现象的原因。首先，从中国服务业整体发展、服务业内部结构变化和三次产业转型系数三个方面来说明中国产业结构转型是滞后于经济增长的；接着，与世界上其他国家做横向比较，指出中国产业结构滞后于国际水平的，且产业结构变迁速度滞后于国民经济发展速度这一相悖现象，并总结分析已有相关该现象的研究；最后，在“制造-服务”国际分工视角下分析出现这一现象的原因，并建立联立方程组模型进行实证分析。

第一节　中国产业结构转型缓慢的描述

在本节中，我们从中国服务业整体发展、服务业内部结构变化和三次产业转型系数三个方面来说明中国产业结构转型是滞后于经济增长的，同时对改革开放以来我国产业结构优化升级进行肯定。

一、中国服务业整体变化趋势分析

我国自 1978 年改革开放以来，服务业经历了很大程度上的发展，我们在图6-1中给出自 1978 年到 2013 年间服务业的就业份额、产值份额及贡献率①的变化，由于农业、工业和服务业生产率变化不同，导致三次产业的价格不同，从而导致三次产业按当年价计算的比重不具有可比性，为了解决此问题，我们在图 6-1 中同时绘出按照当年价和按照 1978 年不变价计算的服务业产值份额的变化趋势。可以看

① 此处服务业的贡献率指的是第三产业增加值增量与 GDP 增量之比(按不变价格计算)。

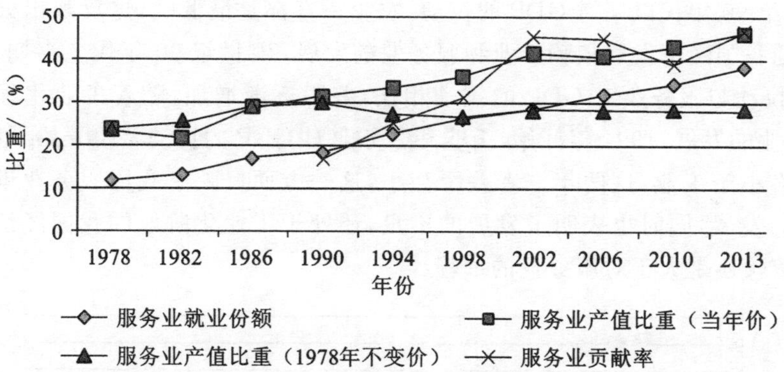

图 6-1　服务业产值及就业份额变化趋势图

到，服务业就业份额由 1978 年的 12.2%增加到 2013 年的 38.5%，但相比发达国家的 70%就业份额还相差太远。如果不考虑价格因素，按照当年价计算，服务业就业份额从 1978 年的 23.9%上升到 2013 年的 46.1%，超过了工业当年价比重的 43.9%，但是如果考虑到价格因素，服务业 2013 年的产值比重只有 28.8%，这些年的上升幅度很小。再来看服务业在 GDP 中的贡献率，可以看到，1990 年，服务业的贡献率仅为 17.3%，之后开始大幅增加，2001 年最高为 48.2%，之后最低的两年分别为 2003 年的 38.1%及 2010 年的 39.3%，2013 年又回升为 46.8%。我们再来看一下服务业与农业及工业的发展速度，图 6-2 给出了 1978—2013 年间中国三次产业产值增长率。可以看到，农业的增长率在 20 世纪 80 年代前半期较高，之后一直保持在 5%的水平，工业、服务业增长稍快，工业部门增长率最高为 21.2%，这三十几年的平均增长率为 11.4%，服务业增长率最高为 19.3%，年均增长率为 10.9%，服务业的增长速度只有 1/2 左右的年份大于工业产值的增长速度。

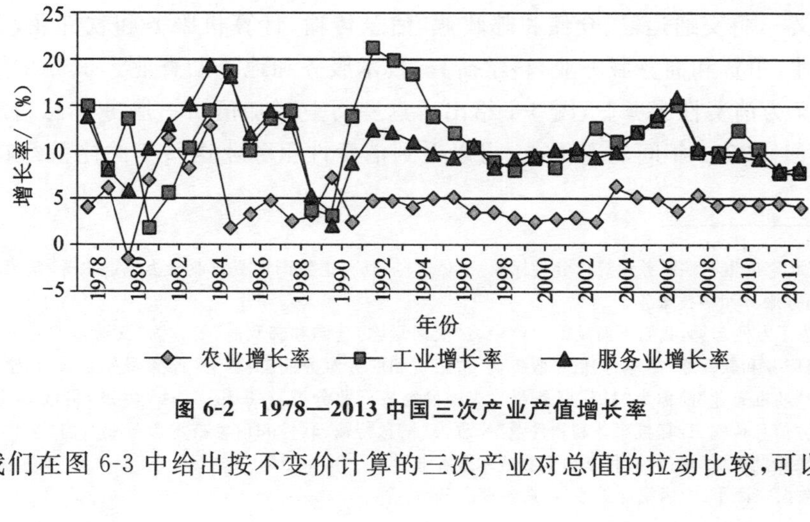

图 6-2　1978—2013 中国三次产业产值增长率

我们在图 6-3 中给出按不变价计算的三次产业对总值的拉动比较，可以看到，自20世纪90年代以来对GDP的拉动，农业一直都是最低的，这反映出处于工业化阶段的我国经济发展依赖工业和服务业的发展，20世纪90年代上半期，工业对GDP的拉动与服务业对GDP的拉动相比，差距逐渐增加，随着工业化程度的加深，服务业的发展，1994年开始，工业和服务业对GDP的拉动差距开始下降，但服务业一直小于工业，这两年二者差距甚小，这一方面反映了我国服务业近些年有了极大的发展，同时也表明了发展的不足，还处于工业化阶段的我国经济发展对工业的依赖还是大于对服务业的依赖。

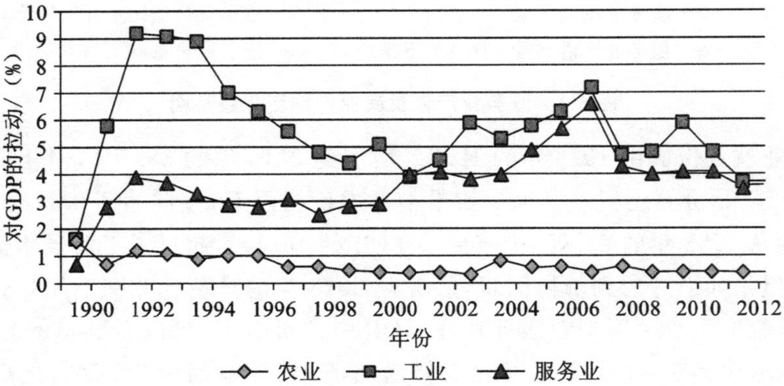

图6-3　1978—2013中国三次产业对国内生产总值的拉动

二、中国服务业内部结构变化趋势分析

我们下面就服务业各行业近些年的发展，对服务业进行生产性服务业和消费性服务业进行分类，分析其结构的变化。我们参考《国民经济行业分类》(GB/T 4754—2002)，并遵循生产性服务业的基本特征，借鉴程大中(2008)对生产性服务业的定义[①]，将交通运输、仓储和邮政业，信息传输、计算机服务和软件业，金融保险服务业，租赁和商务服务业，科学研究、技术服务和地质勘查业[②]，其余的服务业我们定义为消费性服务业，图6-4给出了这些行业增加值所占服务业总增加值比重在2004—2012年间的变化[③]。可以看到消费性服务业这些年的比重都在60%

① 《北京市生产性服务业统计分类标准》也是这样分的，把生产性服务业分为流通服务、信息服务、金融服务、商务服务和科技服务。

② 为了方便起见，我们下面及第六章中将“交通运输、仓储和邮政业”简称为“交通运输业”，“信息传输、计算机服务和软件业”简称为“信息服务业”，“租赁和商务服务业”简称为“商务服务业”，“科学研究、技术服务和地质勘查业”简称为“科技服务业”。《国民经济行业分类》(GB/T 4754—2011)将(GB/T 4754—2002)中的“信息传输、计算机服务和软件业”修改为“信息传输、软件和信息技术服务业”，将“科学研究、技术服务和地质勘查业”修改为“科学研究和技术服务业”。

③ 数据来源于《中国统计年鉴》各期整理。

以上，而生产性服务业增加值占服务业总增加值的比重都在 40%以下。而生产性服务业增加值在 GDP 增加值中的比重，2012 年最高，为 16.06%，2004 年最低，为 14.59%，这些年虽然整体有所上升，但并不稳定。Grubel(1990)对 1947—1984 年间部分 OECD 国家进行分析，发现加拿大、日本、美国生产性服务业占 GDP 的份额在 28%与 33%之间，并且 Grubel 分析数据得到生产性服务业已经成为西方发达国家增长最快的行业。再以 2002 年美国为例，当年该国生产性服务业占本国 GDP 份额的 47.83%(高传胜，李善同，2008)，我国在 2012 年才为 16.06%，与美国相差甚远，这几年来，只上升了 1.47 个百分点，可见，我国生产性服务业近些年仍远远落后于发达国家，而且发展十分缓慢，当然，也存在优化升级，这可以从一些数据看出来：属于劳动密集型及资本密集型服务业的交通运输业，在服务业总增加值中的份额由 14.76%降低到 10.63%，属于技术密集型和知识密集型的科技服务业、金融保险服务业、商务服务业分别上升了 0.82 个百分点、4.03 个百分点和 1.04 个百分点，但是同属于技术密集型和知识密集型的信息服务业却下降了 1.83 个百分点，这也反映了这些年生产性服务业发展的不足之处。

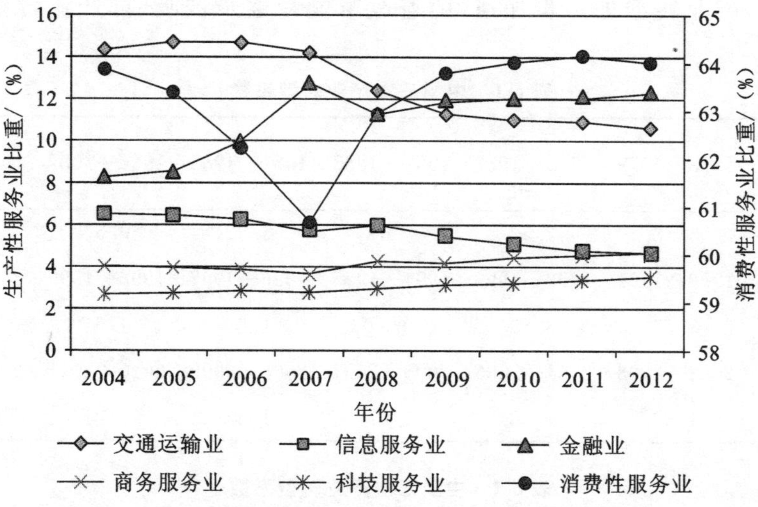

图 6-4　服务业内部结构变化趋势

三、中国三次产业结构转型系数变化趋势分析

我们下面利用我国在 1978—2012 年间的产业结构转型系数来说明我国这些年产业结构转型趋缓的事实。借鉴邓伟根(2006)计算产业结构转型系数的方法计算 1978—2012 年中国三次产业结构转型系数的方法，具体分析如下：将整个国民经济划分为 n 个产业，记 t 年第 i 产业的产值占 t 年 GDP 的份额为 $S_i(t)$，$i=1,2,\cdots,n-1,n$，得到 n 维向量空间：$S(t)=[S_1(t),S_2(t),\cdots,S_{n-1}(t),S_n(t)]$。那

么 $S_1(t_1)$ 和 $S_2(t_2)$ 之间的夹角 θ 可以看作在时间区间 $[t_1, t_2]$ 内的产业转型系数，即

$$\theta = \arccos\left(\sum_{i=1}^{n} S_i(t_1) \cdot S_i(t_2) / \sqrt{\sum_{i=1}^{n} S_i(t_1)^2 \cdot \sum_{i=1}^{n} S_i(t_2)^2}\right)$$

我们以两年为一个时间段将1978—2013年划分为18个时间区间，先按当年价计算，得到中国1978—2013年间三次产业转型系数，列入表6-1中，考虑到第二产业和第三产业生产率的增长不同，这样导致第二产业和第三产业的价格不同，我们同时按1978年不变价来计算这些年间的产业转型系数，将其列入表6-2中①。

由表6-1和表6-2所示的数据，我们总结出改革开放以来中国三次产业转型的基本规律及近些年的转型趋势：第一，中国产业转型系数逐渐变小，中国产业结构演进出现明显的收敛趋势；第二，中国产业结构转型具有周期性，这与中国改革开放政策的周期性相关。20世纪80年代上半期，各项产业政策逐步放开，产业转型被压抑的能量迅速释放，因而加速了产业转型，随着时间的推移，改革开放释放的能量逐步被消化吸收，产业转型的速度随之减缓；20世纪90年代，全方位开放格局形成，产业转型进一步加速，随着改革能量逐步被吸收，产业转型又逐渐放缓。

表6-1　中国三次产业转型系数 θ

时间区间（年份）	1978—1979	1980—1981	1982—1983	1984—1985	1986—1987	1988—1989
θ	3.73	2.52	0.69	5.22	0.57	1.91
时间区间	1990—1991	1992—1993	1994—1995	1996—1997	1998—1999	2000—2001
θ	3.33	3.59	0.87	1.83	1.82	1.63
时间区间	2002—2003	2004—2005	2006—2007	2008—2009	2010—2011	2012—2013
θ	1.32	1.48	1.07	1.82	0.21	1.83

表6-2　中国三次产业转型系数 θ

时间区间	1978—1979	1980—1981	1982—1983	1984—1985	1986—1987	1988—1989
θ	0.47	1.80	1.14	3.12	1.54	0.42
时间区间	1990—1991	1992—1993	1994—1995	1996—1997	1998—1999	2000—2001
θ	1.98	2.15	1.15	0.64	0.52	0.57
时间区间	2002—2003	2004—2005	2006—2007	2008—2009	2010—2011	2012—2013

① 表6-1是按当年价计算，表6-2是按不变价计算，单位都是度。

续表

时间区间	1978—1979	1980—1981	1982—1983	1984—1985	1986—1987	1988—1989
θ	0.84	0.35	0.52	0.27	0.26	0.17

在上面的分析中，我们分别从服务业整体结构的变化趋势、服务业内部结构的变化趋势，以及三次产业转型系数变化趋势三个方面分析了中国产业结构转型缓慢的事实。在下一节中，我们将中国与世界上其他国家做横向对比，论述中国产业结构变迁背离国际经验的事实。

第二节　中国产业结构变迁背离国际经验的分析

在上一节中，我们纵向观察了中国服务业整体发展变化、内部结构发展变化，以及中国三次产业转型系数的变化，肯定了中国服务业改革开放以来的发展，但却比较缓慢，产业结构的转型升级近些年近乎停滞。在本节中我们选取 G7 为代表的发达国家[①]和以"金砖五国"[②](除中国外)为代表的发展中国家，从三次产业的产值比重、就业比重，以及发展速度[③]的变化趋势与中国做出横向对比。

一、中国服务业发展滞后于国际水平概述

自 1970 年以来 G7 国家的服务业产值在该国 GDP 中的比重基本上都在 50%以上，并且一直处于上升的趋势，有些国家，如美国、法国、英国、德国、意大利这些国家服务业的产值自 2004 年，其份额便一直保持在 70%以上(见图 6-5)，而服务业的就业份额自 1980 年以来就保持在 50%以上，并且也一直处于上升趋势(见图 6-6)。再来看这些国家三次产业的增长速度，第一产业在 G7 国家的比重非常低，我们主要比较第二产业和第三产业。从数据来看，第三产业的增长率自 1970 年以来的大部分年份都是高于第二产业增长率的，其中加拿大和美国并没有表现出所有年份第三产业的增长都高于第二产业，但至少有 2/3 的年份也是第三产业增长高于第二产业的增长。

再来看以"金砖五国"为代表的发展中国家。自 1970 年以来，虽然"金砖五国"第三产业发展水平不如发达国家那么高，只有南非和俄罗斯在绝大多数年份第三产业产值的比重高于 50%，巴西从 1990 年开始超过 50%的水平，印度自

① 指的是美国、法国、英国、德国、意大利、日本、加拿大。

② 指的是巴西、印度、俄罗斯、中国、南非。

③ 数据来源于 WDI。

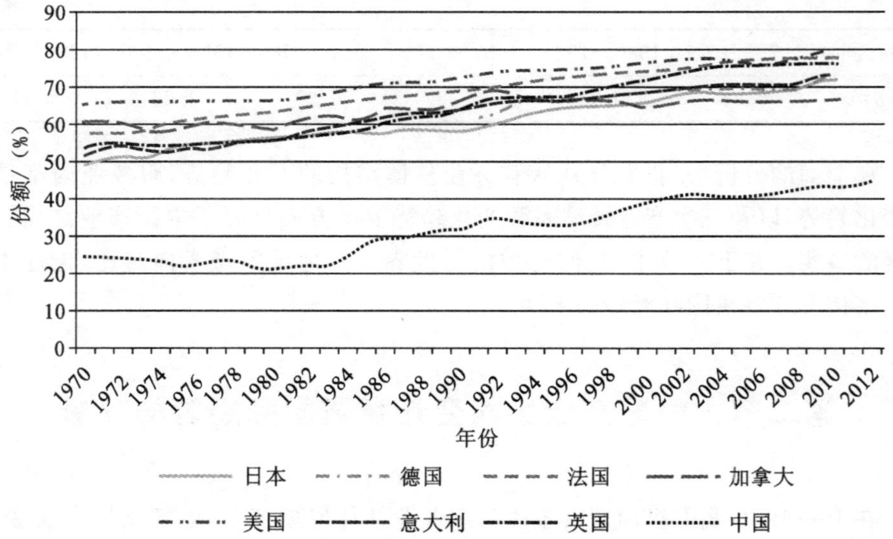

图 6-5　G7 各国和中国服务业产值份额变化趋势

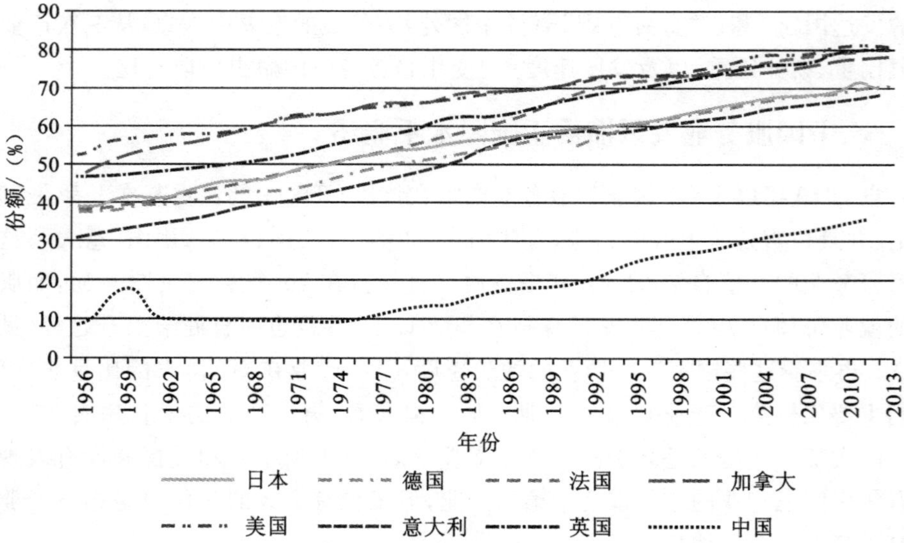

图 6-6　G7 各国和中国服务业份额变化趋势

2002 年以来升至 50%，但总体都是处于上升的趋势，只有中国这些年来第三产业的产值比重一直没能达到 50%，并且中国第三产业的就业比重最高的是 2012 年，也仅有 36.1%。再来看以“金砖五国”为代表的发展中国家三次产业的增长速度，南非自 1970 年以来几乎所有年份第三产业的增长速度都是大于第二产业增长速度的，俄罗斯有 5/7 的年份，印度和巴西是大约是 2/3 的年份，而中国只有 1/2 左右的年份(见图 6-6)。

以上这些表现了中国第三产业的发展明显滞后于世界上同等发展水平的国家并且演进缓慢。但另一方面,中国却又持续多年保持着高速的经济增长,中国GDP 从 2007 年以来至 2012 年这六年的增长率分别为 14.6%、10.1%、8.3%、10.2%、8.7%、8.1%,而人均 GDP 同样也保持着高速增长,这六年的人均 GDP 增长率分别为 13.6%、9.1%、8.7%、9.9%、8.8%、7.1%。我们从这些可以发现,在中国近些年的发展历程中,出现明显的两个矛盾的现象:第一,经济高速增长;第二,产业结构演进近乎停滞。产业结构演进几乎停滞与高速经济增长并存是违背国际经验的,那么到底是什么原因导致了这种现象的发生?下面在总结已有文献的观点的基础上,给出本书的思想和研究。

二、中国产业结构变迁背离国际经验的原因总结

(一)产业制度的变动

郭克莎(1999)用数据说明了 20 世纪 90 年代以来,中国出现严重的结构偏差:按不变价格计算,中国第二产业产值比重升幅较大,比世界上同等发展水平的国家高出 10%~20%,而第三产业的实际产出比例却比世界上相同发展阶段的国家低 10%~20%,经过分析,认为第三产业比重低是缺乏供给而非需求,从而排除了由需求结构变动导致的原因;然后分析外贸结构在 20 世纪 90 年代以来不管是工业净出口还是服务业净出口均没有出现大的变动,得出产业结构的偏差也并不是由外贸结构的变动所引起的;接着分析投入结构的变动,发现从劳动力投入结构来看,第三产业劳动力投入的升幅是大于第二产业的,从固定资本投资结构来看,第三产业投资的比重是上升的,而第二产业的投资比重是下降的,从而排除了结构偏差是由投入结构偏差引起的;最后分析了第二产业和第三产业相对生产率的变动,郭克莎(1999)对比了 1997 年和 1990 年,按当年价格计算,第二产业和第三产业劳动生产率差距扩大了 0.28 倍,而按不变价格计算,第二产业和第三产业劳动生产率差距扩大了 0.41 倍,第三产业的劳动生产率仅为第二产业的 0.46,认为正是第二、三产业劳动生产率差距的扩大,导致了中国产业结构的偏差,而产业生产率的变动正是由产业制度的变化造成的。由于各部门之间存在着不同的体制格局和所有制状况,导致第二、三产业在调节机制、国有经济的改革程度、所有制结构和竞争程度均存在差别,这三个方面的差别导致了第二、三产业生产率变动的差距,进而导致产业结构的偏差。

(二)统计和核算不准确造成的原因

许宪春(2000,2004)观察到中国服务业增长低于整个国民经济增长,分析出

现服务业发展滞后的原因，主要有两大方面：第一，制约服务业发展的现实因素，主要是教育服务、居民住房服务。第二，统计及核算不准确造成的。

现价核算存在如下问题。

(1) 资料来源缺口及口径问题。

(2) 金融媒介服务的处理问题，主要是高估了金融媒介服务的支出费用，即人为地增加了金融保险服务业的投入量，这便减少了金融保险服务业部门的产值总量。

(3) 房地产业核算存在低估问题。

(4) 保姆服务并没有纳入服务业核算之内。

(5) 计算机软件的处理问题，主要是将企业单独购买及自己设计的软件和数据库没有包含在固定资本形成中。

(6) 进口税的处理问题，主要是中国在核算时将进口税计入批发零售贸易业产值中去了，然而这样并不合理，应该在产业部门产值合计的基础上再加上进口税。

(7) 一些非法生产、地下生产、非正规部门生产等生产活动这些非观测经济往往被统计部门遗漏。

不变价核算存在的问题如下。

(1) 服务业核算存在价格指数缺口。

(2) 缺乏贸易价格指数。

(3) 金融保险业不变价产值计算方法存在问题。

（三）“成本病”问题

程大中(2008b)基于 Bamoul(1967,1985)的非均衡增长模型，以中国的经验为实际分析对象，探讨了中国服务业的“成本病”问题。“成本病”指的是，由于服务业部门生产率总是低于制造业部门，在消费者名义工资同水平增加的情况下，服务业部门的产品相对成本将上升，导致服务业部门的相对价格也上升，在假设服务业部门和制造业部门的产出份额都不改变的情况下，服务业部门将占用所有的劳动力，最终整个国民经济的劳动生产率趋近于服务业部门，如果服务业部门的需求价格弹性比较低，那么对服务产品的消费成本将越来越大。程大中(2008b)利用中国 1985—2006 年的相关数据进行经验分析，发现中国居民服务消费支出的增加主要是由于服务业产品价格的增加而非居民收入水平的增加，同时中国服务业部门劳动生产率增长相对滞后于制造业部门的增长，对服务业产品的需求也缺乏弹性，由此可看出中国服务业产生了“成本病”问题。

（四）低消费率和低城市化率、行业体制垄断等

江小涓(2004,2011)在观察到中国服务业比重一直保持在低稳定水平后，提出了这是违背国际经验发展规律的，首先肯定了产生这种现象的原因有：中国特有的经济体制、中国在国际贸易中的国际分工、对服务业的统计口径及核算问题，接着实证分析了影响中国服务业发展的因素主要包括：居民的收入水平、居民的消费结构及城市化因素，在对中国的相关数据进行分析并对相关现象进行总结后，得到中国服务业发展滞后的原因主要有：统计口径方面的原因、中国的低消费率方面的原因、服务业参与国际活动程度较低①、体制和政策障碍等。

（五）专业化分工不足及国际代工发展模式的制约

高传胜等(2008)选取了两大类国家来进行对现代经济条件下是否依然存在经济服务化趋势的分析，一类是以 G7 为代表的发达国家，一类是以“金砖五国”为代表的发展中国家，从三次产业产值比重和就业比重、三次产业增长速度两个方面说明世界经济存在服务化的趋势，但中国经济的发展却与这个趋势相背离。文章分析造成这个现象的主要原因有以下几个方面：第一，存在服务业严重低估和遗漏统计的现象，而工业农业都存在高估的现象，并且不变价统计中的价格剔除方法也会导致服务业不变价的低估；第二，内部化现象严重，这严重阻碍了服务业的专业化发展，进而导致中国服务业发展水平低、成本高、产业层次难以提升及竞争力不强的现状；第三，国际代工的工业发展模式的制约。

第三节　国际分工视角下中国产业结构转型缓慢的实证分析

在本章的第一节中，我们从服务业整体结构、内部结构，以及三次产业转型系数三个方面说明了中国产业结构转型缓慢的事实，在第二节中，我们论述了中国产业结构滞后于国际上同等发展水平国家，并且总结了有关该现象出现原因的研究。已有研究能在一定程度上解释中国服务业发展滞后的现象，但是并不能解释中国在服务业发展明显滞后于世界上其他同等发展水平的国家的情况下，却保持多年高速的经济增长这一相悖现象。我们在本节中基于国际分工的视角对该相悖现象做出分析。

① 例如，2001 年，中国经济增长中外商投资的贡献率为 39.1%，其中对服务业的增长贡献率只有 17.6%，远低于工业增长的贡献率。

一、国际分工影响产业结构变迁的机理分析

如果不考虑引起产业结构变迁的投资及技术变化这些供给方面的因素，单单考虑需求方面的因素，国际分工是通过国际贸易来影响产业结构变迁的因素。国际贸易通过直接效应和间接效应两个方面来引起产业结构变迁。直接效应是指国际贸易可以通过影响一国的外部需求并且产生规模经济来促使一国具有比较优势的部门发展，进而引起产业结构变迁的。间接效应是指国际贸易所带来的收入效应、关联效应、挤出效应和替代效应。第一是收入效应。收入效应是指国际分工通过国际贸易会带来一国的经济增长和居民收入水平的提高，根据 Fisher (1933,1939)，Clark(1940)，Fuchs(1968)的文献可知，随着居民收入的增加和生活水平的提高，由于居民对农业消费品需求的收入弹性最小、工业消费品次之、服务业消费品最大，那么当居民收入水平增加时，对服务业消费品需求的增加是最快的，从而引起一国经济向服务型经济转型。第二是关联效应。关联效应是指国际分工可以促使一国的比较优势产业得到迅速发展，而这些比较优势产业又通过前后向关联效应来带动其他产业的发展，最终达到产业结构升级。Francois (1990)，Rowthom 和 Ramaswamy(1999)，Koldt(2000)分析了一国在实现出口导向型贸易政策时，出口导向型的制造业在经济飞速发展时会产生中间需求从而带动生产性服务业的发展。第三是挤出效应。Stolper-Samuelson 定理指出国际贸易会提高那些拥有该国富裕资源的企业和单位的实际收入，而降低拥有该国稀缺资源的企业和单位的实际收入。如果该国实现了充分就业，国际贸易便可以极大程度促使本国优势产业的发展，而要素收入的差距必将带来产业之间的要素流动，使优势产业挤占劣势产业的资源，由于服务业是一种可贸易性较弱的产业，那么在发展过程中必将会受到挤出作用。第四是替代效应。替代效应来自国际分工本身，这里指的是国际分工和以往书本上对国际分工的定义不同，以往书本上对国际分工的定义是指初级产品和工业制成品之间的国际分工，或者不同工业制成品之间的国际分工，也或者同一制成品内部不同的生产环节之间的分工，而我们这里指的分工是制造业和服务业之间的国际分工，本书认为制造-服务的国际分工会对一国的产业结构升级产生影响，而到底会产生怎样的影响，主要是以下几个因素的综合：①国际贸易所产生的直接效应和间接效应哪个更大？②国际贸易所产生的收入效应、关联效应和挤出效应哪个更强？如果一国为新兴工业化国家，专业化于制造业，那么以上两个因素的综合效应主要取决于该国贸易依存度的大小，如果该国过度依赖对工业品的出口和对服务业产品的进口，那么工业品的出口将会直接带动经济迅速增长，并且国际贸易对本国服务业所产生的替代效应将大于收入效应和关联效应，从而服务业增长将慢于制造业增长，服务业比重将相对于制造业比重出现萎缩现象，因此，在制造-服务这种国际分工的模式下，那

些过度依赖制造业出口、服务业进口的新兴工业化国家，将会陷入“过度制造业化”的状态，然而，如果一国对国际贸易依赖度适中，制造业出口和服务业进口适应该国经济发展和产业结构的状况，那么国际贸易对服务业产生的间接效应会大于直接效应，收入效应和关联效应会大于挤出效应，这样该国会随着经济发展逐步实现产业结构向服务型经济的高级化发展。

然而，怎么来理解那些过度依赖工业品出口、服务业进口的新兴工业化国家在该国的产业结构被锁定于“过度制造化”状态下，却依然可以保持较快的经济增长呢？我们可以从 Bamoul(1967,1985)的理论思想来解释。制造业的生产率进步一般是快于服务业的，服务业容易患上“成本病”，如果是封闭经济，当服务业发展滞后时，由于需求效应和关联效应的约束，该国不可能通过“过度制造化”来实现快速经济增长，但是在制造-服务国际分工的开放经济模式下，该国过度发展的制造业产品可以通过国外对这类产品的需求消化掉，而本国所需要的服务性产品又可以由国外来提供，从而使一国经济在一定时期内实现快速增长，但这只是短期的效果，从长期来看，由于工业品和服务品诸如可贸易性、劳动生产率，以及需求的收入弹性和价格弹性等方面都存在较大差异，使得贸易均衡最终难以实现，因此在制造-服务这种国际分工模式下，该国的经济增长难以持续长久。

基于上面的分析，我们提出这样一种假说：在制造-服务国际分工的对外贸易模式下，对于那些在制造业实行专业化生产的新兴工业化国家来说，如果该国经济的发展过度依赖制造业的出口和服务业的进口，会引起制造业对服务业的挤出效应大于服务业自身的收入效应和产业之间的关联效应，因此，国际贸易在推动该国经济总量增长的同时，也会抑制服务业的发展，使产业结构长期处于“低水平”状态，导致该国资源配置效率出现下降、生产成本上升，资源环境也会出现恶化，最终经济发展不会长久维持。于是，我们在下文将会建立计量模型，将国际分工、经济增长和产业结构这个变量纳入计量模型中，来分析这三者之间是怎样互相影响的。

二、国际分工影响产业结构变迁的计量模型的建立

根据上面的分析，以国际分工为基础的国际贸易对中国产业结构演进的影响机制主要是：中国在国际贸易中的分工会使中国过度发展制造业，带来高速经济增长，但同时抑制了服务业的发展，进而影响到产业结构的演进，另一方面，经济增长和产业结构也会影响国际分工，考虑到这些，我们将经济增长、国际贸易、产业结构纳入计量模型中，同时考虑到其他一些经济变量可能会对经济增长率、国际分工、产业结构产生影响，我们将政府的投资率、政府规模、城镇化率、汇率、外商直接投资利用率、消费结构纳入模型，建立联立方程组来判断国际分工对中国产业结构演进的影响，具体形式为

$$\begin{cases} gy = \alpha_0 + \alpha_1 tra + \alpha_2 istr + \alpha_3 inv + \alpha_4 ge + \alpha_5 gc + \alpha_6 urb + v_1 & (6\text{-}1) \\ tra = \beta_0 + \beta_1 gy + \beta_2 istr + \beta_3 er + \beta_4 FDI + v_2 & (6\text{-}2) \\ istr = \gamma_0 + \gamma_1 tra + \gamma_2 tra^2 + \gamma_3 gy + \gamma_4 cstr + \gamma_5 urb + \gamma_6 tstr + v_3 & (6\text{-}3) \end{cases}$$

下面对联立方程组进行解释说明。

对于联立方程组的式(6-1)，我们主要考察国际分工(tra)和产业结构(istr)对经济增长率(gy)的影响，这个方程式主要的解释变量是国际分工和产业结构，为了反映影响经济增长的其他因素，这里我们借鉴大多数关于对外贸易对经济增长产生影响的实证文献(Barro，1991；Frankel 等，1996)，在方程式中同时加入政府投资率(inv)、政府支出(ge)、城镇化率(urb)及居民消费增长率(gc)作为控制变量。政府投资率(inv)，我们使用“全社会固定资产投资与 GDP 的比值”来代理。全社会固定资产投资以货币的形式表现了全国建造和购置固定资产活动的量，是再生产的手段，通过购置资产的活动，一国的经济可以使用先进的技术设备，并且兴建高科技的进步部门，调整经济结构和生产要素在各个地区的分布，增强一个国家的经济实力，促进经济的发展，我们预期它的符号为正。政府支出(ge)，我们使用“(政府支出/GDP)×100%”来度量。它对一国经济的增长是比较难以量化的，众多的实证研究结论不尽相同，Devarajan(1996)认为生产性公共支出在一定范围内对经济增长起正向的促进作用，但过度使用会对经济增长有负面影响，Barro(1991)认为政府的消费性支出会对经济增长有负向作用，认为它对经济增长具有积极的促进作用，一般认为，不同类型的支出或者不同程度的支出对经济增长的影响是不同的，并且国家处于不同的发展阶段对经济增长的影响作用也是不同的，因此，它的符号正负不一定。城镇化率(urb)，我们使用“城镇人口与全国人口的比值”来度量。一般来说，城镇化可以创造需求，能够扩大内需，并且拓展就业和经济发展空间，产生新的基础设施以及公共服务设施，还可以带来对住房建设的投资需求等，但另一方面，由于中国特殊的国情，城镇化质量并不高，推动消费的效率也不高，一些实证文章便得到城镇化对经济增长的负向影响结论，因此，它的符号不确定。居民消费增长率(gc)，我们度量的方法是“(城镇居民人均消费/上年城镇居民人均消费－1)×100%”。在一般的分析中，居民消费对经济增长会起到积极的促进作用，消费一直都是拉动我国经济增长的三驾马车之一，我们预期它的符号为正。

再来看式(6-2)，我们主要考察产业结构和经济增长对国际分工的影响，并且合理地加入其他影响国际分工的因素作为控制变量，主要是汇率(er)和外商直接投资利用率(FDI)。汇率(er)，我们使用“美元兑人民币汇率年均价”来度量。由于一国进行国际贸易的产品的成本和价格都是用本国货币来计算的，这些产品要在国际市场上竞争，那么必须是和汇率相关的，本国货币兑换外国货币汇率的高低直接影响本国产品在国际市场上的竞争力，自然影响到商品的进出口额度，那么进而影响我们本方程中的国际分工指标。外商直接投资利用率(FDI)，我们使用“(外商直接投资实际利用额/GDP)×100%”来度量，外商直接投资一直都是影响国际贸易的重要因素，外商直接投资可以通过推动货物和服务贸易的自由化、使产品生产和销售有机结合、加强贸易上的垄断、竞争和渗透来影响对外贸易，由于外商直接投资动机不同，投资的行业也随着被投资国经济发展的阶段不同而不同，并且和东道国的政策也有着密切的联系，还有出口商品的结构、工业结构、技术创新，以及其他动态变化着的因素的影响，外商直接投资对国际贸易的影响关系是不确定的，可能表现为替代，也可能表现为互补，还有可能替代和互补同时存在。

最后来看式(6-3)，我们主要考察经济增长率和国际分工对产业结构的影响，基于上面的分析，当中国商品出口达到一定高的水平时，商品出口的过度发展以及对服务品进口的过度依赖会使中国锁定在低水平过度制造化的陷阱之中，因此，我们在该式中加入国际分工的二次项来验证对外贸易对产业结构服务化可能产生的倒“U”形影响，根据上面的理论分析，我们预测对外贸易依存度的二次项的系数为负，说明对外贸易依存度对产业结构服务化的影响是倒“U”形状的，同时为了更加合理地反映国际分工的影响因素，我们还在式中加入了消费结构(cstr)、贸易结构(tstr)和城镇化率(urb)作为控制变量。消费结构(cstr)，我们使用“城镇居民服务性消费支出/城镇居民总消费”来度量。它反映居民对服务业产品消费在总消费中的比重，它对产业结构的影响反映在以下三个层面上：第一，微观层面，对消费产品的改变会促使企业在追逐利润驱动下，调整生产策略，积极创新生产技术，这样，价格引导效应和关联效应会使投资进入相应的生产领域，进而引起产业结构的变化；第二，就中观层面，消费行为的改变会引起行业需求的改变进而带来该行业市场结构的改变，再影响到整个产业的发展，引导资源、技术、人才这些生产要素的重新配置，实现产业结构的变化；第三，宏观层面上，如果该指标在逐渐变大，说明居民的消费在逐渐高级化，居民对服务业产品消费的增加，会通过市场来改变投资的方向，从而整个社会投资结构会发生变动，消费结构的高级化会促使生产向服务化方向发展，从而改变产业结构的组成。我们预期这个系数为正。对于贸易结构(tstr)，我们使用“加工贸易进出口总额/一般贸易进出口总额”来度量。我们认为贸易结构通过影响国内供给结构、要素禀赋，以及技术水平来影响产业结构的变动。蒋昭侠(2004)也曾指出产业结构和贸易结构是互相影响的，贸易结构可以反映一国的产业结构，引导着一国产业结构的变化，特别是对外贸易商品结构合理的升级转化，能够推动产业结构合理化，也是产业结构高级化的表现。

国际分工和产业结构是我们模型的关键变量，下面对本书使用的度量方法做出说明。第一，国际分工。以往关于对外贸易依存度对经济增长影响的文献中一般选取“进出口贸易总额与该年的GDP比值”作为对外贸易依存度的代理变量，这个指标将贸易的进出口综合考虑进来，能较好地反映一个经济体的外贸概况，在利用这个指标研究一个经济体对外贸易依存度对该经济体经济增长的影响是很合理的。然而本书的重点是考察中国“制造-服务”国际分工对中国产业结构变迁的影响，那么我们重点是考察中国以制造业出口为导向来消化中国制造业过剩产能、以国外服务进口为主导来满足中国居民生产性和生活性服务需求这样的模式对中国产业结构从工业化经济向服务化经济的过度会产生怎样的影响？因此我们这里考虑使用“货物贸易净出口与服务贸易净进口之和与该年的GDP比值[①]”来代理“制造-服务”国际分工这个变量，以此来反映中国参与“制造-服务”国际分工对中国产业结构服务化的影响，如图6-7所示，发现这个变量这些年间处于不断上升的趋势，这便说明了中国对于制造业产品的出口和服务业产品的进口依赖程度越来越高。

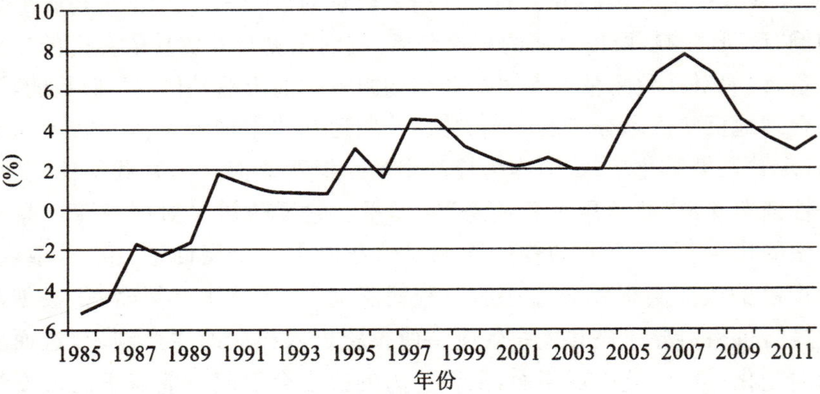

图6-7 中国1979—2012年国际分工的演变

第二，产业结构。考察产业结构服务化的演进有以下几个度量方式：①第三产业从业人员与第二产业从业人员的比值；②第三产业产值与第二产业产值之比（按当年价计算）；③第三产业产值与第二产业产值之比（按不变价计算）；④第三产业“劳均产出”与第二产业“劳均产出”之比。本书使用第三种方法按不变价计算的第三产业产值与第二产业产值之比，我们之所以使用这样的度量方法，是基于以下的考虑：对于中国这样一个农业大国，进入工业化中期以后，农业下降的空间已经不大，产业结构的变迁此时主要反映在第二产业和第三产业之间的变动，考察这个阶段及以后经济结构是否向服务型经济发展，我们使用第三产业产值与第二产业产值的比值是比较恰当的选择，但是，由于第二产业和第三产业各部门

① 数据来源于WTO统计数据库。

生产率增长存在很大差别，导致各部门的价格变动并不相同，认为这样一方面能从产值方面反映产业结构的变迁，另一方面，这样的度量方法能考虑到第二产业和第三产业生产率变化的不同而导致的两部门价格水平的差异，进而能说明Bamoul的“成本病”之说在产业结构变迁方面所起的真实意义。我们将这个变量在这三十几年里的变化趋势汇出，如图6-8所示，可见这些年里这个数值最高也只是接近0.6，并且从1990年开始下降，到1995年这个数值一直胶着在0.42左右。若0<istr≤1，则表示第三产业实际产值没有超过第二产业实际产值，服务业发展还处于比较落后的阶段，若istr>1，则表示服务业实际产值超过第二产业实际产值，成为主导产业，经济向服务经济开始转型。

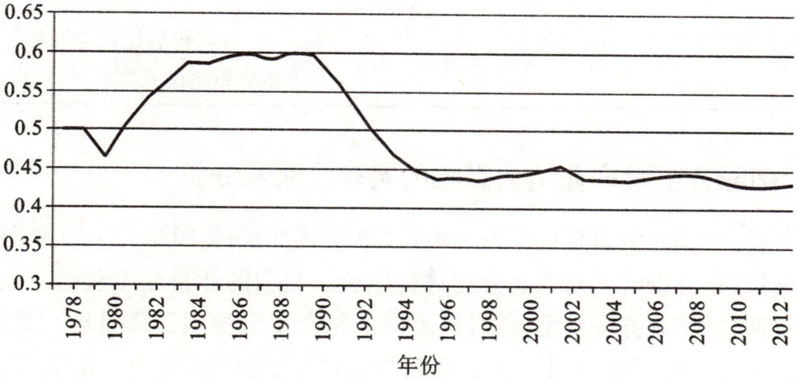

图6-8　1978—2013年产业结构变化趋势(按1978年不变价计算)

下面，我们将联立方程组中变量的符号表示、定义及代理方式汇入表6-3中。

表6-3　各变量符号、定义及数据选取

变　量	符号表示	定　义	代理方式
内生变量	gy	经济增长率	GDP年增长率
	tra	国际分工	((货物贸易净出口+服务贸易净进口)/GDP)×100%
	istr	产业结构	第三产业产值/第二产业产值(按不变价计算)
外生变量	inv	政府投资率	(全社会固定资产投资/GDP)×100%
	ge	政府支出	(政府支出/GDP)×100%
	urb	城镇化率	(城镇人口/全国人口)×100%

续表

变　量	符号表示	定　义	代理方式
外生变量	er	汇率	美元兑人民币汇率年平均价
	FDI	外商直接投资利用率	(外商直接投资实际利用额/GDP)×100%
	cstr	消费结构	城镇居民服务性消费支出/城镇居民总消费
	tstr	贸易结构	加工贸易进出口总额/一般贸易进出口总额
	gc	消费年增长率	(城镇居民人均消费/上年城镇居民人均消费－1)×100%

三、国际分工对产业结构影响的实证结果及分析

下面我们选取《中国统计年鉴》和 WTO 统计数据库 1985—2012 年的相关数据进行分析，在分析时先对联立方程进行检验。我们的计量模型包含 3 个方程，3 个内生变量，是联立方程模型，并且模型中的每个变量采用的都是比例数据(单位为%)，这样就避免了伪回归。再来判断方程的可识别性，使用一阶条件，每个方程的变量数目均大于 2(即方程个数－1)，可知每个方程都是过度识别的。使用 stata12.0，选用三阶段最小二乘法，将三个方程式的回归结果分列在下面。

方程式(6-1)的回归结果为

$$gy=19.3541+1.0419tra-16.9867istr+0.0955inv+0.5267ge$$
$$(1.79)\quad(2.83)\quad(-0.98)\quad(1.08)\quad(1.55)$$
$$+0.2257gc-0.5420urb$$
$$(3.38)\quad(-2.05)$$
$$R^2=0.2826$$

方程式(6-2)的回归结果为

$$tra=6.1053-23.8430gy+0.2588istr+1.2222er-1.2070FDI$$
$$(0.62)\quad(-1.86)\quad(1.54)\quad(2.08)\quad(-3.18)$$
$$R^2=0.6788$$

方程式(6-3)的回归结果为

$$istr=0.9669+0.0197tra-0.0010tra^2-0.1014gy-0.0037cstr$$
$$(20.22)\quad(4.17)\quad(-2.42)\quad(-5.63)\quad(-2.15)$$
$$+0.3071urb-0.2181tstr$$
$$(1.93)\quad(-7.57)$$

$$R^2 = 0.9293$$

其中:括号内的数值为t统计值,三个方程的R^2分别为0.2826、0.6788和0.9293,都比较高,可见拟合程度较好,下面我们根据三个方程式回归的结果对其做出实际的分析和解释。

1. 经济增长方程式回归结果

从回归结果来看,国际分工对经济增长起正向促进作用,能通过1%的显著性水平检验,符合我们的预期,这说明1985—2012年这将近30年的时间里,中国依赖工业品出口、服务业进口的国际贸易模式暂时对中国经济增长还是起到促进作用的。产业结构对中国经济增长的影响并不显著,说明中国的经济结构还处于比较低端的"工业化"阶段,还未能发挥服务型经济对经济增长的促进作用,居民消费的增长对中国近些年经济增长是起到正向促进作用的,并且通过了1%的显著性水平检验,这也充分说明了中国近30年的消费对经济增长还是起到一定程度的拉动作用的。城镇化率对经济增长的影响是负向的,能通过5%的显著性水平检验,以往有很多文献提到城镇化是发展中国家发展的引擎,是经济发展的推动力(Tervo,2010;O. Neill等,2012;Krey等,2012),国内很多学者也得到城镇化和经济增长的正向相关的关系(曹裕等,2010;朱孔来等,2011;吕健,2011;项本武和张鸿武,2013),但也不乏文献得出城镇化和经济增长的关系并不确定(金荣学和谢洪涛,2010;王稳琴等,2011;赵晓和岳安时,2013),我们这里得出的结果是城镇化率对经济增长出现负的相关关系,这不能表示是城镇化推动经济增长的理论出现了问题,我们认为主要是由于在中国特殊的国情下,城镇化没有有效推动消费,我们结合工业化来分析是这样的:居民消费的增加使得需求增加,进而带动工业化发展并传导至城镇化,同时,工业化创造的供给由城镇化创造的需求来消费,消费的同时对工业化形成拉动作用,从而增加居民收入和居民消费,这是一个良性循环,但是在中国特殊的国情下,由于中国长期实行工业化特别是重工业化的政策,同时中国大城市发展缓慢滞后,小城市城镇化质量又不高,导致中国工业化进程超前于城镇化进程,使得当前需求无法消化掉工业化过程中形成的供给,并且,城镇化没能对居民消费形成有效的传导,出现城镇化对经济增长负向影响的结果。

2. 国际分工回归方程式

经济增长对国际分工回归的结果为正,但是这个影响并不显著,产业结构对国际分工的影响为负,能通过10%的显著性水平检验,这符合我们的预期。原因在于产业结构向服务型经济的发展会反向影响工业品的出口和服务品的进口。汇率正向促进国际分工,能通过5%的显著性水平检验,外商直接投资利用率对国际分工的影响为负,能通过1%的显著性水平检验。

3. 产业结构回归方程式

我们先来看“制造-服务”的国际分工对产业结构变迁的影响，系数为0.0197，能通过1%的显著性水平检验，基于我们的分析，加入国际分工的二次项后，二次项的回归系数为−0.001，能通过5%的显著性水平检验，这表明基于“制造-服务”的国际分工对中国产业结构向服务型经济演进的影响是倒“U”形的，即存在一个临界点，在未达到这个临界点之前，“制造-服务”这样模式的国际分工能够促进产业结构的演进，但是超过这个点后，“制造-服务”这样模式的国际分工只会让中国过度依赖工业品的出口和服务品的进口，从而抑制了中国产业结构向服务型经济演进。由回归结果可以看到这个临界点为9.85%(=0.01974/(2×0.001))，即((货物贸易净出口+服务贸易净进口)/GDP)×100%的值达到9.85%以后，如果我们继续依赖工业品的出口和服务品的进口，那么这将大大阻碍中国产业结构向服务型经济演进。城镇化对产业结构的演进也具有负向影响的作用，这表明在中国的居民的城镇化过程中，大量劳动力只是从农村来到城市参与基础设施、制造业等第二产业的生产活动，却较少进入商务服务业、金融、旅游等一系列的服务型行业中去，也反映了中国的城镇化质量并不高，中国大量参与制造业的劳动力素质有待提升，这样有利于他们参与到需要更高文化素养的服务型行业中去。经济增长率对产业结构变迁影响为负，系数为−0.0037，能通过5%的显著性水平检验，这说明中国经济增长过程中对服务业产生的收入效应和关联效应这些正向效果弱于工业对服务业的挤出效应这种负向效应，因此，总体表现为经济增长对产业结构向服务型经济演变的负向影响。贸易结构对产业结构向服务型经济演进的作用是负向的，能通过1%的显著性水平检验，可以这样解释我们这个结果：由于本书采用的是加工贸易与一般贸易进出口总额的比值，那么这个值的变大反映的是加工贸易相比一般贸易的变大，由于加工贸易“两头在外”，与国内的各产业部门关联度极低，并且它又具有劳动密集型的特征，它主要是发生在工业部门，这就使得工业部门占用大量的劳动力资源，产生对服务业的挤出效应，中国加入WTO之后，加工贸易占据了中国国际贸易的半壁江山，这便加剧了国际贸易对中国服务业的挤出效应，从而进一步解释了“制造-服务”的国际分工对中国产业结构向服务型经济演进的倒“U”形影响。本书中的消费结构是使用居民对服务业产品的消费占总消费的份额来代理的，这个经济变量对产业结构向服务型经济演进起正向影响作用，系数为0.3071，能通过10%的显著性水平检验，这在我们的预期之内，居民对服务性产品消费的增加，会促进服务性产品的生产，从而促进产业结构向服务型经济的演进。

4. 整个联立方程回归结果的综合

在联立方程组模型中，我们主要考察了经济增长、产业结构变迁、国际分工三个经济变量的互相影响，同时还要一些影响产业结构变迁的因素，根据上面我们回归分析的结果，我们得到以下结论：我们这些年在“制造-服务”这种国际分工的形式下，主要是以工业制成品出口、服务品进口为主的贸易模式，并且以加工贸易为主，在中国改革开放三十几年的时间里，我们处于工业化的早期和中期阶段，这种模式的国际贸易确实促进了中国的经济增长，并在前期促进了产业结构向高级化的演进，但进入21世纪后，特别是在中国加入WTO以后，中国经济逐渐进入工业化的成熟期，世界经济格局也发生了巨大的变化，这种以工业制成品出口、服务品进口为主的贸易模式也许在短期内还能促进经济的增长，但是却严重阻碍着中国经济向服务经济的演进，使中国产业结构被锁入“低水平过度制造化的”状态，这将导致中国经济不可持续发展。

四、国际分工对产业结构影响的结论

本章在“制造-服务”国际分工的视角下研究国际贸易对中国服务业发展滞后的影响。首先，通过宏观数据的统计描述分析了中国服务业近些年的发展历程，肯定了我国服务业自改革开放以来的发展进步，并通过对三次产业的转型系数的计算，发现近几年产业转型系数趋缓。接着，将我国服务业现状与一些发达国家及发展中国家横向相比，发现我国服务业的发展不但远远落后于世界上发达国家的水平，而且落后于世界上同等发展水平的国家，然后国民经济却保持着高速增长，针对这一相悖现象，我们提出假说，是“制造-服务”的国际分工阻碍了中国产业结构向服务经济的演进，并构建包含经济增长、产业结构和国际分工为内生解释变量的联立方程组对实证分析了我们提出的假说。得到主要结论如下：在我国处于工业化的早期和中期阶段，“制造-服务”的国际分工模式确实促进了中国的经济增长，并在前期促进了产业结构向高级化的演进，但进入21世纪后，特别是在中国加入WTO以后，中国经济逐渐进入工业化的成熟期，世界经济格局也发生了巨大的变化，这种以工业制成品出口、服务品进口为主的贸易模式只能在短期内还能促进经济的增长，但却严重阻碍着中国产业结构向高级化的演进，使中国产业结构被锁入“低水平过度制造化的”状态，这将导致中国经济不可持续发展。

在中国新常态背景下，我们要正视中国服务业滞后于国民经济发展的事实，并意识到“制造-服务”的国际分工确实是一个重要的影响因素。中国素有“世界工厂”之称，为了避免在“去产能化”过程中可能会引发“产业空心化”问题，应该大力发展服务业和战略新兴产业。首先，利用推进贸易方式的改变来促进产业结构的升级。改革开放以来，中国拥有巨大制造业产品的贸易额，因此一直被称为制造业大国，但其实这是建立在中国充足且廉价的劳动力的基础之上的，在制造业中创造的价值仅仅是处于产业链的最低端，从国际贸易中得到利润其实是很低的，造成了中国是贸易大国但非贸易强国的局面，要改变这种局面，需要我们做到：第一，保持现有的出口产品的竞争优势，同时培育新出口产品的竞争优势，这点我们可以向美国借鉴学习，在保持劳动密集型出口产品的竞争优势同时，提高资本密集型产品的出口力度，培育知识技术密集型产品的竞争优势；第二，优化进出口结构，发挥进出口的综合效应，利用中国市场规模的优势来吸引国外的产品及投资，有效利用各国的资源来提升中国的产业水平；第三，扩大服务业的对外开放程度，促使更多的服务业领域参与到国际贸易的竞争中去，如提高教育文化、信息软件、金融等这些领域的企业的竞争力，使其能够顺利参与到国际贸易中去；第四，要在资本、技术、劳动力、管理等方面加强国际合作交流；第五，尽力建立完善的贸易和投资优惠通道，尽量减少审批手续，以此为开放创造良好的环境；第六，也要鼓励具备条件的企业去海外进行投资，更好地实现全球化配置。这样才能利于发展中国家向服务经济迈进，不至于出现“过度制造化”而停留在工业化阶段止步不前。

第七章　新常态下服务业国际贸易与服务业结构变迁分析

在第六章中，我们基于“制造-服务”国际分工的视角，对我国产业结构发展缓慢进行了理论分析及实证研究，得到结论：我国长期处于制造业贸易顺差、服务业贸易逆差的国际分工状况，使我国长期处在国际分工中低端制造业产品提供者的位置，这大大阻碍了我国产业结构转型的进程。那么，搞清楚新常态下我国服务业国际贸易状况及其与我国产业结构变迁的关系，将有助于我们对产业结构优化提供参考建议。因此，在本章中，我们将研究目标放在服务业的国际贸易上，研究服务业国际贸易的发展及服务业结构的变化，并对中国可贸易性服务业的逆差现状进行分析，最终为提升服务业对外贸易的竞争力和服务业内部结构的优化升级提供一定的线索。

第一节　可贸易性服务业结构变化的整体考察

一、关于统计指标的说明

本章所指的可贸易性服务业是按照《中国国际平衡收支表》的统计方法划分的，总共包含 13 类，即运输服务、旅游服务、通信服务、建筑服务、保险服务、金融服务、计算机和信息服务、专有权使用费和特许费、咨询、广告和宣传、电影和音像、其他商业服务、别处未提及的政府服务。这与我国第三产业统计的行业分类标准有很大区别，这是在做服务各行业增加值和对外贸易分析时的一个难点，主要体现在：第一，“批发和零售业”等几个行业[①]没有它们相对应的服务贸易部门；第二，如果我们把“交通运输业”[②]的统计与“运输服务”的服务贸易统计相对应，

① 主要指的是批发和零售业，住宿和餐饮业，房地产业，科学研究、技术服务和地质勘查业，水利、环境和公共设施管理业这几个行业。

② 即是交运运输业、仓储业和邮政业，这里沿用了第六章第一节的简单记法。

“信息服务业”[①]的统计与“通信服务”的服务贸易统计相对应，这样口径将被扩大，那么在增加值和进出口值之间进行对比时，数据将有一定程度的失真；第三，建筑业在我国统计年鉴上属于第二产业的统计范围，但是，“建筑服务”却在服务贸易的统计范围。基于以上三点，并且根据统计数据的可获得性以及服务各行业的可贸易性，我们将统计年鉴中关于服务业增加值的分类对照可贸易性服务业的分类，并进行归并[②]，再一一对应，经过这样的归并处理，我们归并为 7 个服务行业，分别是交通运输业、仓储和邮政业，信息传输业、计算机服务和软件业，金融业，租赁和商务服务业，文化、体育和娱乐业，旅游业，建筑业，我们整理出这 7 个服务行业的增加值及其对外贸易的数额，并分析其这些年来的变化趋势，期望能为我国服务业的内部结构及其国际贸易结构提供参考建议。

二、可贸易性服务业结构的变化分析

首先要说明的是，由于按行业分的增加值在统计上 2003 年之前与 2004 年开始的口径不一样，所以我们对增加值的考察是从 2004 年开始的。另外，2013 年按行业分的增加值还不能查出，所以考虑到数据的可获得性，我们对增加值的考察是从 2004 开始截止到 2012 年，对各行业的对外贸易的考察是从 1982 年开始截止到 2013 年。为了记法的方便，我们将 7 个行业分别简记为交通运输业、信息服务业、金融保险服务业、商务服务业、文化娱乐服务业、旅游业、建筑业。

图 7-1 给出了 2004—2012 年间，这 7 个行业增加值在第三产业中总增加值比重的变化趋势。需要说明的是，在第三产业中，比重最大的是“批发和零售业”，这几年的比重一直在 20%左右，但是它并没有对应的对外贸易统计数据，因为它们的进出口方式主要以商务服务业形式存在，被计入 FDI 统计中，所以，为了做对应的分析，在增加值中并没有对“批发和零售业”进行分析。从行业增加值的比重来看，以 2012 年的水平，排名前五位的依次是建筑业、金融保险服务业、旅游业、交通运输业、信息服务业。在我们所分析的 7 个行业中，建筑业基本处于上升的趋势，由 2004 年的 13.47%上升到 2012 年的 15.30%，除去属于第二产业的建筑业，2004—2008 年间比重最大的是“交通运输业”，但它的比重一直处于下降趋势，从 2004 年的 14.41%下降到 2008 年的 12.46%，2009 年以后，“金融保险服务业”的比重超过了它，截止到 2012 年，“交通运输业”的比重下降到 10.63%，一直处于上升态势的“金融保险服务业”比重为 12.38%，而它在 2004 年仅为 8.35%，由此可

① 即是信息传输、计算机服务和软件业，这里沿用了第六章第一节的简单记法。

② 归并的方法是通信服务与计算机和信息服务归并，总称为信息服务业；保险服务与金融服务归并，总称为金融保险服务业；广告和宣传、专有权使用费和特许费、咨询与其他商业服务归并，总称为商务服务业。

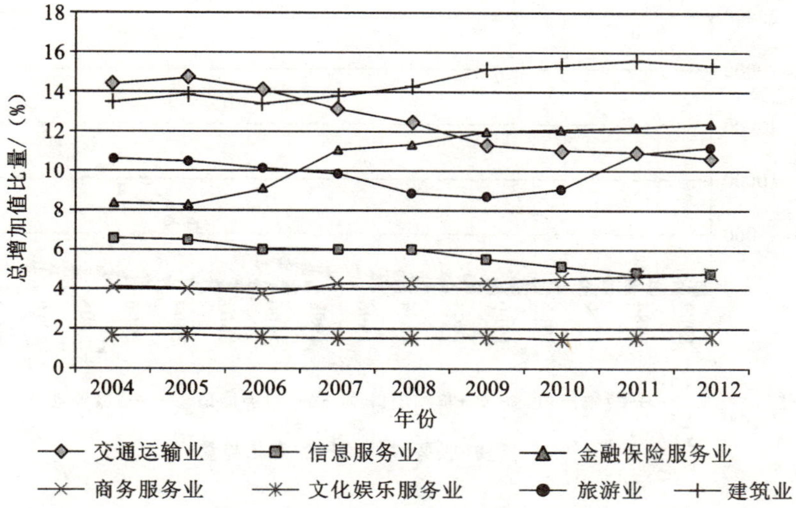

图 7-1　可贸易性服务各行业总增加值比重的变化趋势

见，我国这些年，“金融保险服务业”的发展极其迅速；“旅游业”经过 2007—2009 年三年的下降，2010 年开始继续回升，在 2012 年，比重为 11.15%，超过了“交通运输业”；排名第四的为“信息服务业”，处于下降趋势，由 2004 年的 6.56%下降到 2012 年的 4.73%，总体来说比较稳定；“商务服务业”①这几年基本稳定在 4%左右；“文化娱乐服务业”一直稳定在 1.5%的较低水平。

第二节　服务业国际贸易结构变化的整体考察

在本节中，我们先从“制造-服务”国际分工的视角整体考察可贸易性服务行业的国际贸易现状，再分析各行业的进出口结构，最后分析我国服务业的逆差状况及其服务业国际贸易的发展趋势。

我们先从“制造-服务”的视角整体考察我国对外贸易的状况。为了反映“制造-服务”的国际分工，我们将货物贸易和服务贸易分开来看，图 7-2 画出了 1982—2013 年间②我国货物进出口和服务进出口的发展状况。从图中可以看到，我国长期处于货物贸易的顺差、服务贸易的逆差的状态，这反映了我国制造业的发展在国际上处于比较优势，但是服务业的发展却很滞后，这进一步反映了我国产业结构的滞后。

① 即是租赁业和商务服务业，这里沿用了第五章第一节的简单记法。

② 数据来源于国家外汇管理局网站上的《中国国际平衡收支表》各期。

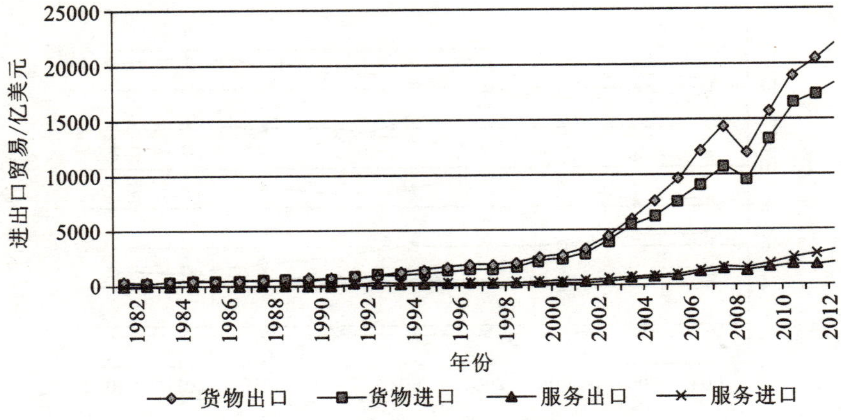

图 7-2　货物、服务对外贸易的变化趋势

一、服务业国际贸易结构的变化趋势分析

图 7-3、图 7-4 和图 7-5 分别给出了服务各行业进出口总额、出口及进口的比重在 1982—2012 年间的变化趋势。我们先观察图 7-3，分析服务各行业贸易总额的比重变化趋势。从图 7-3 中可以看到，以 2013 年的水平，排名前五位的依次是旅游业、商务服务业、交通运输业、金融保险服务业、信息服务业。在 20 世纪 80 年代，交通运输业、旅游业和商务服务业分列服务总贸易比重的前三位，但“交通运输业”贸易基本处于一直下降的趋势，从 1982 年的 52.48％下降到 2013 年的 24.60％；而“旅游业”贸易基本处于一直上升的趋势，虽在金融危机前后有小幅下

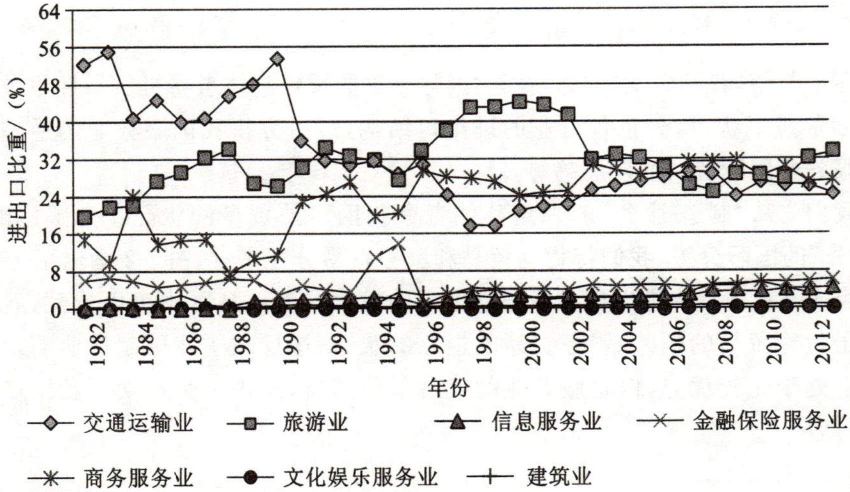

图 7-3　服务各行业进出口比重的变化趋势

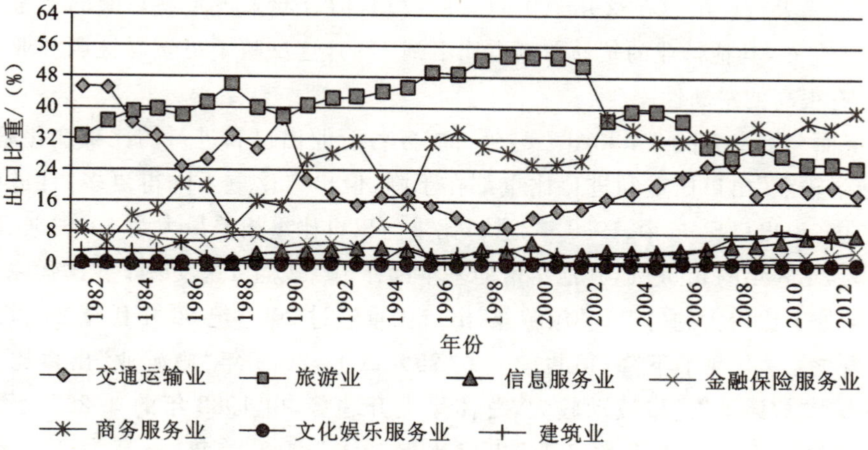

图 7-4　服务各行业出口比重的变化趋势

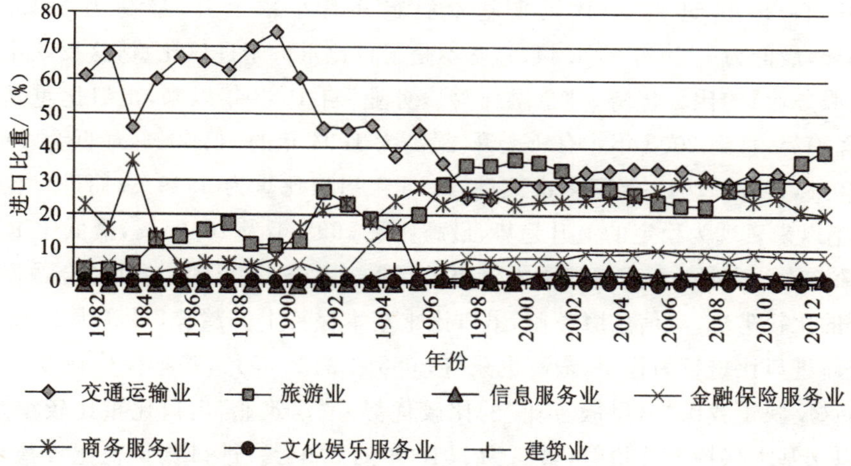

图 7-5　服务各行业进口比重的变化趋势

降，最终又有所回升，从 1982 年的19.71%上升到 2013 年的 33.60%，成为服务贸易总额中占比最高的行业；“商务服务业”在 20 世纪 80 年代后期有所下降，但之后基本一直保持上升趋势，到 2013 年，占总服务贸易额的 27.72%，位列第二；“金融保险服务业”比重一直比较稳定，基本在 4.5%～6.5%之间波动；“建筑业”比重波动也不是很大，最低比重为 1993 年的 0.3%，最高为 2009 年的 5.32%，大部分年份的比重在 2%～4%之间波动；“信息服务业”基本处于上升的趋势，从最低年份 1985 年的 0.34%上升到 2013 年的4.61%；“文化娱乐服务业”在 20 世纪 90 年代后期才开始开放，比重一直较低，其对外贸易占总体的比重一直没有超过 0.2%，我们在后面的分析中不再对其进行详细分析。“交通运输业”“旅游业”和“商务服务业”这三大行业虽然在这几十年间有所波动，但合起来占贸易总额的比重一直在86%左右，其他行业的贸易总额占比不到15%，这反映了可贸易性服务业非常集中，有很高的垄断性。

下面分别来看图7-4和图7-5，分析服务各行业出口和进口的比重变化趋势。“交通运输业”出口比重和进口比重都在下降，但出口比重下降得更多，且进口比重一直高于出口比重，在1989年，进口比重与出口比重相差最大为40.81%、相差最小为2008年的5.55%，其他年份的基本都在10%以上，这反映了我国运输业在国际上处于比较大的劣势。“旅游业”出口比重经过20世纪80年代至21世纪初的上升之后，出现了下降，但也一直在25%以上，2013年“旅游业”出口比重为25.08%，“旅游业”进口波动较大，总体呈上升趋势，由1982年的3.26%上升至2013年的38.9%。“商务服务业”出口比重总体为上升趋势，最高为2013年的39.02%，最低为1983年的5.17%；进口比重除在20世纪80年代中期有大幅下降之外，自20世纪90年代以来基本稳定并有小幅上升，最高为2013年的36.23%，最低为1986年的4.44%，基本是出口比重大于进口比重，这反映出我国“商务服务业”的比较优势。“金融保险服务业”自1982年以来，出口比重基本处于下降趋势，直到2008年才有所上升，最高为1994年的10.39%，最低为2000年的0.60%，1982—2013年间多次波动，2013年出口比重为3.49%；而进口比重自1992年以来表现为稳定的上升趋势，最高比重1995年为16.94%，最低比重2013年为7.80%，基本处于进口比重大于出口比重的状态，这反映了我国“金融保险服务业”的比较劣势。“信息服务业”出口比重基本保持上升趋势，最高为2013年的8.30%；进口比重较为稳定，最高也只有2005年的2.65%，基本保持在2%～3%之间，这反映了我国“信息服务业”的比较优势。“建筑业”出口比重比较稳定，21世纪以来基本保持上升趋势，最高为2010年的8.94%；进口比重也比较稳定，最高为1999年的4.87%，之后下降，2013年为1.18%，这反映了我国“建筑业”在国际上的比较优势。

二、服务贸易逆差现状及趋势分析

这一部分对我国一直以来的服务业逆差状况进行分析[①]。由表7-1可以看到，我国服务贸易总额自2000年以来一直保持逆差状态，由表7-1还可以看到具体服务各行业对外贸易的差额状况大概为：交通运输业自2000年以来一直是逆

① 需要说明一点，在上一节的分析中，我们知道“文化娱乐服务业”的增加值一直稳定在1.5%的较低水平，并且20世纪90年代后期才开始开放，才有关于对外贸易数据的统计，并且比重一直较低，进出口总额占总体的比重一直没有超过0.2%，因此，我们在本节关于增长趋势及结构变化的分析中将其略去。

差状态；旅游业在2009年以前是顺差，自2009年开始直至2013年都是逆差状态；金融服务业、保险服务业一直是逆差状态；而建筑业、商务服务业、信息服务业基本一直保持顺差状态。下面我们对这种状况分行业进行分析。

表7-1 服务各行业贸易差额(出口—进口) （单位:亿美元）

年份	总计	交通运输业	旅游业	建筑业	信息服务业	保险服务业	金融服务业	商务服务业
2000	−56.00	−67.25	31.17	−3.92	11.94	−23.64	−0.20	−4.97
2001	−59.31	−66.89	38.83	−0.17	0.62	−24.84	0.22	−8.83
2002	−67.84	−78.92	49.87	2.83	−4.15	−30.37	−0.39	−5.19
2003	−85.47	−103.26	22.19	1.06	2.77	−42.25	−0.81	36.15
2004	−78.08	−124.76	60.02	1.29	4.63	−57.43	−0.44	41.49
2005	−95.62	−130.27	75.37	9.74	1.02	−66.50	−0.14	16.65
2006	−88.27	−133.54	96.27	7.03	11.93	−82.76	−7.46	19.38
2007	−79.10	−119.52	74.47	24.67	22.30	−97.60	−3.26	21.27
2008	−118.14	−119.11	46.86	59.65	31.47	−113.60	−2.51	−19.99
2009	−293.80	−230.05	−40.27	35.95	32.68	−97.06	−2.86	8.52
2010	−311.56	−290.46	−90.66	94.23	63.74	−140.28	−0.56	56.84
2011	−616.45	−448.75	−241.21	109.96	88.74	−167.20	1.03	46.87
2012	−897.50	−469.49	−519.49	86.27	107.57	−172.71	−0.40	75.64
2013	−1245.10	−566.78	−769.12	67.73	94.74	−180.97	−5.06	120.32

（一）交通运输业

由表7-1可以看到，我国服务贸易的逆差主要来自交通运输业的逆差，特别是在2012年以前，交通运输业的逆差是服务贸易逆差的主要来源。交通运输业属于传统型服务，进口额的增长主要是由于近些年来我国货物贸易的迅速发展而形成的，它不仅是我国经济与世界经济交往的重要载体，而且可以解决我国贸易发展中运能不足的问题。但是，这也反映了我国运输业的运力不足，特别是跨国运输不够，在国际上的竞争力比较弱。交通运输业这种供给能力的不足主要是由于我国某些领域的改革滞后造成的，比如基础设施方面，这种状况急需得到改善。

（二）旅游业

自2009年起，我国的旅游业开始出现逆差，如图7-6所示，旅游业在2010年出口增长率为15.47%，到2011年下降为5.78%，2012年、2013年分别为3.23%、3.27%；而2010年进口增长率为25.58%，2011年上升为32.26%，2012年继续上升为40.49%，到2013年也高达26.08%，由表7-1也可以看出，旅游业逆差在逐步扩大。我们如果从改善供给的视角来看，旅游服务的逆差是合理的，它反映了我国居民国内消费能力的增强，还反映了人民币汇率的市场化。我们不能看到逆差就觉得不好，旅游业的这种逆差状态对我国的发展是有利的，旅游业的进口在不断扩大的这种趋势不但可以增进我国同国外人们的相互交流，而且对人民币升值的压力也有缓解的作用，一定程度上进一步缓解了我国通货膨胀的压力。从行业的发展上来看，旅游服务进口的扩大能够带动旅游业的发展，使我国旅游业走向世界，提高我国旅游企业的服务能力。

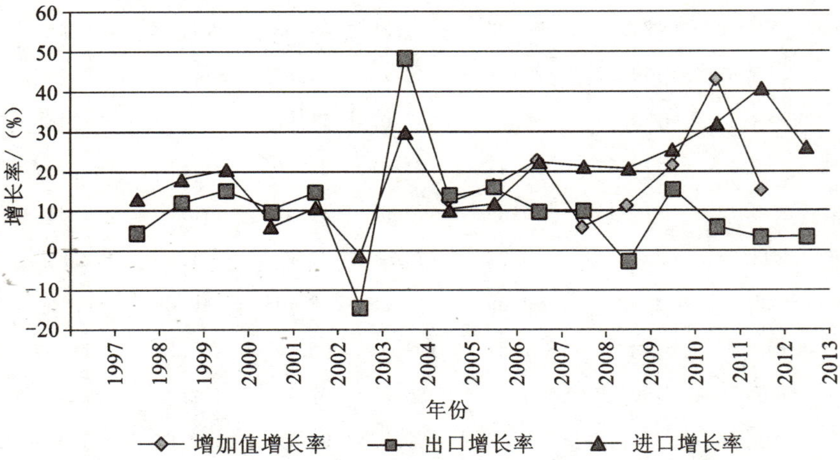

图7-6 旅游业增加值及贸易增长率比较

（三）金融保险服务业

由表7-1可以看到，金融保险服务业在2000年至2010年属于我国服务逆差的第二大来源行业，在2011年、2012年，逆差虽然不如旅游业的高，但同样是处于逆差扩大的趋势，将金融服务业和保险服务业分开来看，保险服务业的逆差远远大于金融服务业的逆差，金融服务业基本一直处于逆差状态。对于保险服务业来说，反映了我国很大比例的保险服务来自国外供给；对于金融服务业来说，反映我国金融业发展艰难，主要原因源于我国金融业靠着存贷差坐享高额利润的体制政策。这种发展体制和政策急需改变，那么，对于保险服务业来说，要控制它的进口以防止国外进口保险的超额供给，这样可以促进我国保险服务业的良性发展，进而为我国经济提供更好的保险服务；对于金融服务业来说，我们鉴于目前的实情，可以暂时增加金融进口，来带动我国金融的发展，倒逼我国金融制度的改革，进而提高我国金融业在国际上的竞争力。

（四）对我国服务贸易逆差的新认识与思考

为了加快我国工业化的步伐，我国在改革开放初期，成立了几个特区搞出口加工，那以后，货物贸易快速增加，出口创汇飞速增长，但是，我国经过了这么几十年的高速增长以后，随着经济向后工业化阶段迈进，我国仍然处于依赖货物出口拉动经济的局面，服务自 1995 年便一直是逆差的状况，持续到现在。为了使我国经济发展顺利转型，我国在国际上的分工必须慢慢有所转变，由对外贸易逐步促进中国经济向服务经济的转型，那么我们要逐渐改变对制造业出口的依赖，逐步发展服务贸易，增强我国服务业在国际上的竞争力。2013 年 9 月我国成立了上海自贸区，实现了服务贸易开放的政策，但是这并不意味着我国的服务贸易逆差会立刻缩小。2013 年前三季度服务贸易逆差数额分别为 275 亿美元、277 亿美元、425 亿美元，而 2014 年前三季度服务贸易逆差数额分别为 328 亿美元、297 亿美元、623 亿美元，这显示了我国服务贸易逆差在一段时期内还会持续增长。由于我国目前的贸易结构，这种状态是不可避免的，在一段时间内，我国还可以容忍这种服务贸易的逆差，但是针对我国出现逆差的行业主要出现在交通运输业、旅游业、金融保险服务业，我们需要采取一定的措施，使得短时期内这些服务行业的进口能带动国内该行业的发展，并在一定时期内增强这些行业在国际上的竞争力，努力扭转服务贸易逆差的局面。针对以上的分析，我们认为调整服务进口结构的措施主要包括：第一，重视从国外获得更加优质的金融服务以带动我国金融服务业的发展；第二，注重我国的基础交通设施建设，逐渐减小交通运输业的进口比重；第三，针对出境游逐渐增多、境外消费越来越多的情况，我们可以考虑在一些机场建立免税区，这样在国内便可以淘到国外的物品，省去了境外消费，并且还节省了交通运输费用；第四，对于那些能够提高国内的生产效率、能增加新的要素供给的，并且有利于将生产方式转变为低碳绿色的服务产品，要进行政策上关于出口及进口的激励。

第三节　服务业国际贸易结构与服务业结构变化的比较分析

本节在上一节分析的基础之上，进一步对可贸易性服务业国际贸易与行业发展的关系进行分析，期望为服务业国际贸易竞争力的提升和服务业结构的优化提供一定的线索。

一、国际贸易与行业发展变化一致的行业

（一）交通运输业

由图7-7可以看出，交通运输业长期进口大于出口，处于逆差，增加值比重和贸易比重（也说进出口比重）的变化趋势基本上保持一致，但贸易比重一直大于增加值比重，这反映了我国交通运输行业规模小于对外贸易规模的特点，原因主要在于交通运输业是典型的生产性服务业，交通运输业贸易的发展与货物贸易的发展有很强的相关性。我们再来看图7-7，2005年，交通运输业增加值比重为14.76％，是这几年中的最高值，而贸易比重在2007年达到最高值29.57％，这反映出交通运输业贸易的发展受该行业发展的制约，且滞后于行业发展。自2006年起，交通运输业增加值比重开始下降，其贸易比重也随之下降，二者都出现下降的原因在于：第一，交通运输业是一国的基础性服务业，主要为国民经济其他行业的生产提供相关性的服务，保障各经济活动的高效运作，它的增加值比重随着经济发展水平的提高而下降，也是符合经济发展规律的；第二，交通运输业属于服务业中资本密集型的行业，它的增加值比重的下降表明了服务业内部产业结构在升级；第三，近两年，随着货物贸易的下降，交通运输业对外贸易比重下降，一方面交通运输业是运输贸易的基础，另一方面反映了交通运输业贸易与货物贸易的高度相关性。

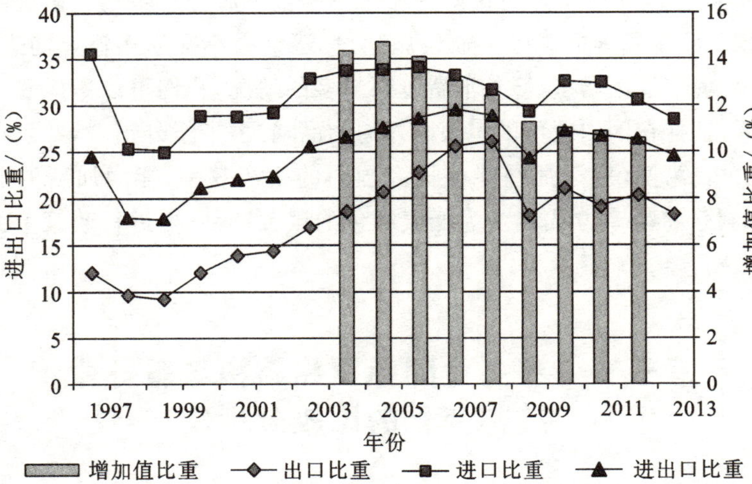

图7-7 交通运输业增加值比重及贸易比重的变化趋势比较

（二）旅游业

我国旅游业在2009年以前表现为顺差，自2009年开始表现为逆差。由图7-8可以看到，旅游业增加值比重与贸易比重的变化趋势基本一致，且增加值比重一直低于贸易比重，这也反映了我国旅游行业规模小于其贸易规模的特点。我国旅游业增加值比重自2004年的10.60%下降到2008年的8.82%，直到2009年才又开始慢慢回升；出口比重自2004年的39.65%下降到2008年的27.76%，2009年随着行业回升出现回升，之后又开始下降，到2013年下降为25.08%；进出口比重自2004年的33.04%下降到2008年的25.16%；进口比重自2004年的27.14%下降到2008年的25.16%；2009年进出口比重和进口比重出现回升之后基本一直保持缓慢上升趋势，2013年，进出口比重和进口比重分别为33.59%和38.90%，这反映出旅游业的变化幅度小于贸易变化的幅度，旅游业出现这些特点的原因主要有：第一，旅游业贸易结构对产业结构具有带动作用，旅游业的发展对贸易的发展具有依赖性；第二，旅游业属于资本密集型和人力密集型的行业，2009年之前的下降表明了我国服务业内部结构的升级，而2009年开始的回升表明了我国居民由于收入的提高带来的"收入效应"对行业发展的带动作用占了主导，这也进一步反映了旅游业是高收入弹性的行业；第三，自2009年以来出口比重的持续下降和进口比重的持续上升，反映了我国旅游业在国际上由比较优势到比较劣势的转变，这主要是由于随着各国居民收入水平的提高，人们对旅游消费产品的需求也更高，而我国开发的旅游产品仅仅局限于较低的自然资源，没有配套的其他服务，且种类单一，没有创意。

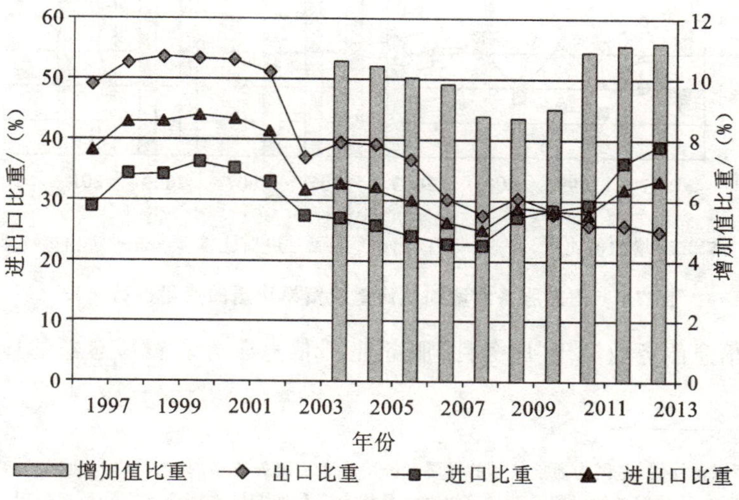

图 7-8　旅游业增加值比重及贸易比重的变化趋势比较

二、国际贸易与行业发展变化无关的行业

（一）信息服务业

信息服务业的特点为：行业增加值比重一直处于下降趋势，出口比重和进出口比重自2004年一直保持上升、进口比重变化很小的趋势。而行业发展规模和贸易发展规模相差不大。出现这些特点的原因在于随着全球信息化及IT产业的发展，通信及信息服务的技术水平也逐渐提高，相关产品的可贸易性也不断增强，通信技术的飞速进步使得生产与消费分离，使贸易过程大大简化，国际之间的贸易成本也大大降低，再加上软件外包的飞速发展，这些都使得信息服务业对外贸易的发展不受该行业发展的限制，因此，即使在增加值比重下降的情况下，该行业的进出口比重依然在上升。

另一方面，我们由图7-9也可以看到，信息服务业的进出口比重虽然这些年在上升，但从未超过5%，并且一直没有超过增加值比重。这里有几个原因：第一，我国信息服务业受到政府逐步开放的保护政策的影响，再加上政策上限制信息产品的进口，这在较大程度上限制了信息行业对外贸易的发展；第二，我国通信业市场垄断程度很高。

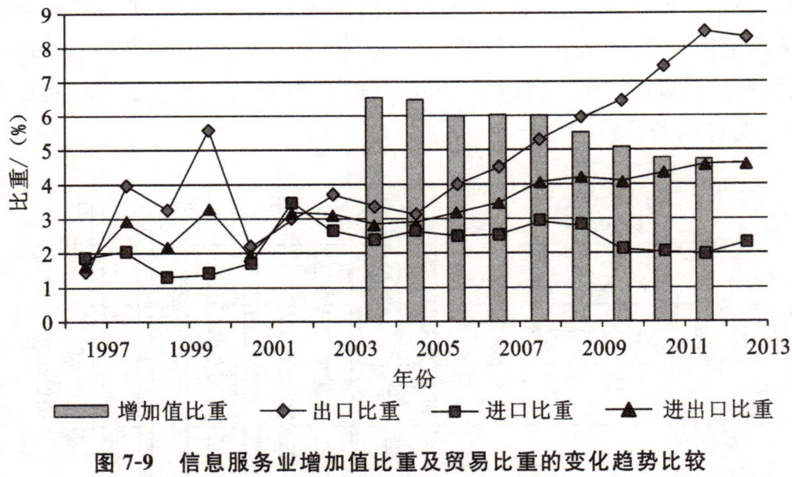

图7-9　信息服务业增加值比重及贸易比重的变化趋势比较

由于信息服务业属于"服务性"服务业[①]，信息服务业贸易总额的比重一直偏

① 之所以这样说，是因为通信技术的发展和应用改变了服务贸易的方式、内容和构成，拓展了服务贸易的领域和范围，使得服务的可贸易性显著提高。具体表现在许多原本需要生产和消费同时进行的服务现在可以实现生产与消费的分离，金融、医疗、咨询和教育等原需买卖双方实体接触的服务现在都可以采用远程信息传递的方式实现交易，极大地提高了服务的可贸易性。

低反映出我国服务业的总体水平较低，其竞争力在国际上偏低。由图 7-9 还可以看到，信息服务业出口比重逐渐上升，这里的主要原因是我国继印度之后，逐步成为第二大软件外包基地，美、日等发达国家逐渐成为我国的出口对象。

（二）建筑业

由图 7-10 可以看到，建筑业增加值比重一直高于进出口比重，即建筑行业的规模大于其对外贸易的规模。建筑业增加值比重由 2004 年的 13.47%缓慢地增加至 2011 年的 15.57%，之后又缓缓下降为 2013 年的 14.87%；而进出口比重由 2004 年的 2.04%缓缓上升，2010 年达到最高值 5.50%，之后又缓慢下降至 2013 年的 2.71%。再来看进口与出口之间的对比关系，在 20 世纪 90 年代末至 21 世纪初进口比重大于出口比重，呈现逆差状态，自 2002 年开始出现顺差状态，一直到现在。出口比重在 2004 年之前一直在 2%～3%之间徘徊，一直未能超过 4%；而进口比重在 20 世纪 90 年代一直在 4%以上，2000 年开始下降，一直到 2008 年都在 2.8%以下，直到 2009 年才突破 3%（为 3.69%），之后又开始下降，降至 2013 年的 1.18%。

建筑业出现这种现象的原因主要有：第一，自 20 世纪 80 年代以来，我国实施宏观调控，整个经济增长的结构和规模及环境相比以前都发生了重大变化，为建筑行业的发展提供了较好的空间，但是建筑服务的对外开放却晚于这个变化，并长期受到限制[①]。在 20 世纪 80 年代，建筑服务进口额几乎为零，直到 1992 年，才慢慢有少量进口。2007 年，我国基本开放建设工程市场[②]，建筑市场开放较晚也为我国建筑业起了保护作用，是建筑业增加值比重高于进出口比重的原因之一。第二，由于建筑行业固定的性质，其服务贸易是通过提供者的移动实现，这便伴随着生产要素的跨国移动。在一般情况下，建筑过程服务的主要方式是在国外设立分支机构，这部分收入并不计入建筑服务贸易总额，大量的建筑服务通过 FDI 实现[③]。第三，建筑业贸易比重偏低还有一个原因是部分建筑业的贸易被统计进入商务服务业服务中[④]。

---

① 例如，入世后的 2004 年，原建设部颁布的《关于外国企业在中华人民共和国境内从事建设工程设计活动的暂行规定》中，对于外国企业以跨境交付的方式在中国境内提供初步设计等设计服务的，必须选择至少一家持有相应设计资质的中方设计企业进行合作设计。

② 2007 年 3 月 26 日开始实施的《外商投资建设工程服务企业管理规定》，开始允许设立外商独资、中外合资和合作的建设工程服务企业。

③ 例如，2009 年工程承包外汇收入 777 亿美元，而国际收支平衡表上的建筑服务出口仅 94.6 亿美元。

④ 在“服务部门分类表”中“商务服务业服务”的 A 分门类“专业服务”中，还包括了建筑业的专业（咨询）服务，分别是：“d. 建筑专业（咨询）服务；e. 工程专业（咨询）服务；f. 一揽子工程技术（咨询）服务；g. 城市规划与建筑景观（咨询）服务”。

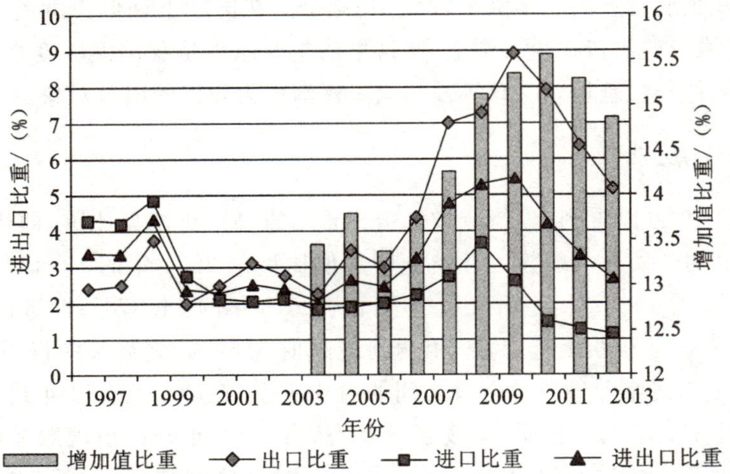

图 7-10　建筑业增加值比重及贸易比重的变化趋势比较

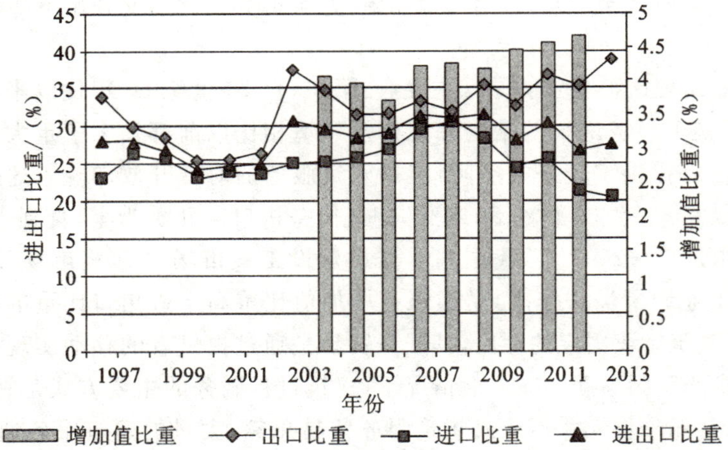

图 7-11　商务服务业增加值比重及贸易比重的变化趋势比较

（三）商务服务业

由图 7-11 可以看到，商务服务业规模的发展远远小于其对外贸易规模的发展，这里面的原因主要是统计方面的①。商务服务业增加值比重和进出口比重都一直比较稳定，最低是 2006 年的 3.70%，最高为 2006 年的 4.67%，其贸易比重也

① 首先，商务服务贸易项下的“其他商务服务”所包含的项目要远多于商务服务业项下的“其他商务服务”。其次，商务服务贸易统计中包括“研究开发服务”，而在商务服务业增加值的统计中没有该项。最后，商务服务贸易统计中包括“分销服务”，该项统计的问题在于货物贸易中间商的营业收入没有被计入商务服务业增加值中，而其提供的服务实际上属于商务服务。

比较稳定，变化不大，但比重却高得多，最低为2000年的24.31%，最高为2009年的31.65%，之后虽有下降，但也没有低于27%，且出口一直大于进口，近些年基本处于顺差状态。商务服务业贸易的这一特点主要是由其技术外溢性造成的，商务服务业贸易对其行业的发展也具有带动作用，其增加值比重自2009年开始也逐年缓慢升高。

（四）金融保险服务业

由图7-12可以明显看到，我国金融保险服务业长期表现为进口比重大于出口比重，且贸易比重小于增加值比重的特点，这说明金融保险服务业的贸易规模小于产业规模。贸易的比重这些年基本保持稳定，增加值比重总体保持升高的趋势，从2004年的8.35%到2012年的12.38%，出口比重随着增加值比重的升高而升高，从2004年的0.73%到2013年的3.49%，进口比重稍稍有所下降，从2004年的8.61%到2012年的7.80%。金融服务是以金融保险服务业的发展为基础的，出口比重随增加值比重的升高而升高，反映了我国金融服务在国际上的竞争力依赖于金融保险服务业本身的发展，由于市场的垄断和保护，这种依赖性有所减弱，而进口比重随增加值比重的上升出现稍稍下降的趋势，反映了我国金融保险服务业有较强的进口替代性。这几年，由于开放程度的提高，更多的外资金融机构进入我国，这极大促进了我国金融保险服务业的发展，使得我国的金融结构体系能够在较大程度上替代外资金融机构。

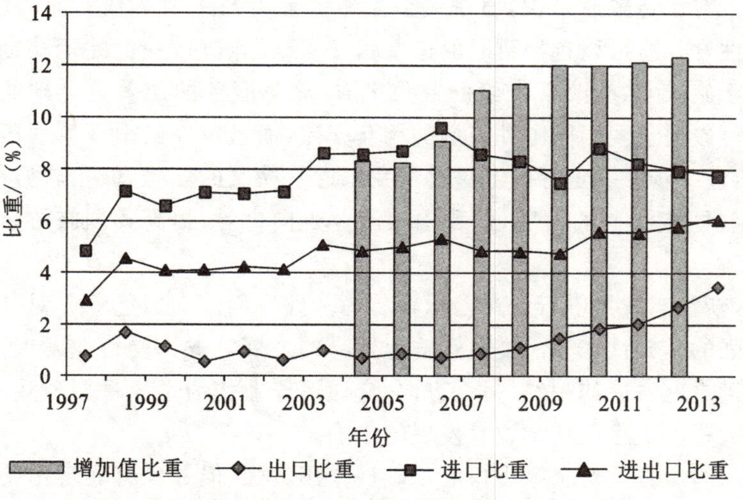

图7-12 金融保险服务业增加值及贸易比重的变化趋势比较

我国金融保险服务业长期处于逆差，这反映了我国金融保险服务业在国际上处于比较劣势的状态，我国金融保险服务业在国际上的竞争力还很弱。金融保险服务业的竞争力主要在于金融机构拥有的资源要素，例如资金、物质和人力，也取决于金融机构创造价值、抵抗风险和创新的能力。我国金融保险服务业目前竞争力薄弱的主要原因在于：金融监管效率比较弱、金融宏观调控效率低、市场秩序较差、社会信用体系不健全、利率和汇率市场水平不高。

第四节　新常态下服务业国际贸易及其结构变迁的研究总结

本章我们在中国经济新常态背景下，从可贸易性服务业的国际贸易结构、服务业行业结构，以及二者之间的关系三个方面进行了分析，概括起来主要有以下四个方面的结论。

第一，新常态背景下我国服务业贸易的发展状况。近些年，我国的服务贸易出现逆差的行业主要是交通运输业、旅游业、金融保险服务业，出现顺差的行业主要是建筑业、商务服务业、信息服务业。从改善供给的角度看，旅游业的逆差对我国是有利的，但交通业是不合理的。我国民用航空运输和海运近些年以飞快的速度发展。对于交通运输业，要加快改善基础设施建设，控制其进口，尽快提升运输服务的国际竞争力。对于保险业来说，要控制它的进口以防止国外的进口保险的超额供给。对于金融业来说，考虑到金融服务业具有进口替代效应，且其进口服务的外溢性，因此，可以选择暂时的逆差状态来鼓励进口，并由此带动金融行业的发展。对于旅游业，从改善供给的视角来看，旅游服务的逆差是合理的。旅游服务的进口可以增进我国同国外人们的相互交流，而且对人民币升值的压力也有缓解的作用，进一步在一定程度上缓解了我国通货膨胀的压力，鼓励旅游的进口，以此来带动我国旅游业的发展，使我国旅游业走向世界，提高我国旅游企业的服务能力。

第二，新常态背景下行业对国际贸易的基础作用。交通运输业对其贸易的发展具有很强的基础性作用。交通运输业贸易的发展一方面受行业发展的制约，也受我国基础设施发展的制约；另一方面，交通运输业作为生产性服务业，其贸易的发展在很大程度上也受货物贸易发展的影响。

金融保险服务业对金融出口的基础性作用较强，但并没有表现出明显的对金融保险服务业整体贸易的基础性作用。我国对金融市场的管制和保护都比较严格，并且按照谨慎管理的原则，这使得金融行业与其贸易的发展相关性减弱。我国金融出口的比重还很低，增加也比较慢，这主要是我国的金融机构在价值创造、抗风险及各种资源要素上差发达国家太远，因此，加强金融保险服务业在资源要素上的配置及其业务创新的能力，将有助于增加我国金融保险服务业的竞争力。

建筑业增加值比重较大，但贸易比重却很小，显示了建筑业的发展并不能为其贸易的发展提供基础作用。自改革开放以来，我国的经济发展为建筑业的发展提供了很好的条件，但是建筑业的开发却晚于这一进程，虽然建筑业先发展这一优势对其贸易的发展有一定程度的基础作用，但随着可贸易性的不断提高，建筑服务贸易可以脱离产业的发展，再加上建筑服务业属于劳动密集型服务业，而我国在劳动密集型服务贸易中是有比较优势的，这些都降低了建筑业对其贸易的基础作用。

旅游业呈现出产业发展规模小、贸易规模大的特点。在旅游行业的发展和贸易结构的变化中，旅游业表现出两面性。首先，旅游及与旅游相关的投资对贸易的发展具有影响作用，因此，旅游业对其贸易具有不容忽视的基础作用。其次，旅游贸易对旅游行业的发展具有显著的带动效应。旅游业对贸易的基础作用体现在：旅游业是建立在人力资本、自然资源及其相关资本之上的行业，而我国的自然旅游资源丰富，为旅游业的发展及贸易提供了基础。旅游业贸易对行业的带动作用体现在：居民对旅游产品的消费弹性较高，随着发达国家居民收入的长期提高，再加上汇率的影响，他们对旅游产品的要求则更高，这便通过旅游贸易传导带动我国旅游行业的发展。

第三，新常态背景下国际贸易对行业的带动作用。商务服务业是较为典型的知识密集型行业，在全球开放的背景下，伴随着国际产业转移的加快，我国的商务服务业服务规模也逐渐增大，由于国际产业的转移，使得商务服务业的技术外溢性较强，较强的技术外溢性使得商务服务业贸易对其行业的发展有很强的带动作用，这也可以从商务服务业贸易规模大于行业规模上看出来。

金融保险服务业的对外贸易对其行业的发展起着明显的带动作用，这可以从金融保险服务业的进口替代效应上看出来，这也可以从图 7-12 中的金融行业出口比重缓缓增加和进口比重缓缓下降这一现象上反映出来，这主要是这些年越来越多的外资金融机构进驻我国，大大提速了我国金融保险服务业发展的缘故。

第四，新常态背景下服务业内部结构优化升级的问题。下面从可贸易性服务各行业及其对外贸易的发展来考察服务业内部的优化升级[①]。2004 年，增加值排名依次是交通运输业、旅游业、金融保险服务业、信息服务业、商务服务业、文化娱乐业。截止到 2012 年，这几年各行业增加值比重的变化趋势大概是这样的：交通运输业、信息服务业有明显的下降，金融保险服务业、商务服务业有明显的上升，旅游业有小幅上升，文化娱乐业基本保持不变。金融保险服务业和商务服务业这

① 服务业内部的结构优化升级指的是服务业内部由资本、劳动力密集型行业比重较高的布局结构转变为知识密集型行业比重较高的布局结构。

两种知识密集型行业比重的上升，反映了我国服务业内部这些年有一定的优化，但信息服务业在服务业比重的下降却反映出我国服务业结构发展存在一定的不合理性。再来看服务业贸易结构的变化，以 2009 年的情况来看，对外贸易额排名前四位的依次是商务服务业、旅游业、交通运输业、建筑业，其中只有商务服务业属于知识密集型行业，到 2013 年，对外贸易额排名前四位的依次是旅游业、商务服务业、交通运输业、金融保险服务业，其中商务服务业和金融保险服务业是知识密集型行业，旅游业和交通运输业属于资本密集和劳动力密集型行业，这反映了这几年我国服务业的贸易结构存在一定的优化，但还不够理想，属于知识密集型行业的信息服务业不管是从行业发展还是从贸易发展上一直都未能进入前列，这种状况急需进一步优化。

如果进一步来考察，我们发现不管是增加值比重还是贸易比重，旅游业和交通运输业都在前列，其中旅游业属于劳动密集型的服务业，旅游业贸易的发展对行业的发展具有带动作用，同时旅游行业的发展对贸易也有基础作用。近几年，表现为贸易对行业的带动作用大于行业对贸易的基础作用，因此，旅游贸易比重的下降会对我国服务行业的结构优化起到积极的作用。然而，由于旅游业具有产品综合性较强的特点，涉及住行、餐饮、购物、娱乐这几个方面，因此，它对国民经济其他行业的发展，诸如旅行社行业、交通运输业、饭店、旅游娱乐业，具有很好的带动作用，这虽然会使我国第三产业整体在国民经济中的比重上升，但并不会使服务业内部朝着知识密集型行业的升级。交通运输业属于资本密集型的生产性服务行业，该行业的发展对其贸易的发展具有很强的基础性作用，它的增加值比重的下降会引起贸易比重的下降，这对我国服务业结构的优化具有积极的推动作用。事实上，这些年，交通运输业不管是增加值比重还是贸易比重都在下降，这也反映了我国服务业近几年存在一定的优化升级。

除去属于第二产业的建筑业，金融保险服务业在可贸易性服务业中的增加值比重排名第一。然而，由于我国对金融行业的保护主义，金融行业的发展与贸易发展之间的关系比较薄弱。由前面的分析，我们也可以看到，金融保险服务业具有进口替代效应，那么金融服务进口比重下降会促进金融保险服务业增加值比重的上升，进而推动金融服务出口比重的上升。因此，由于替代机制的存在，金融服务进口比重的下降对整个服务业结构及贸易结构的优化具有积极的正向作用。

排在贸易比重前列的商务服务业具有知识和技术的外溢性，因此，表现为贸易对行业发展的带动作用，随着贸易比重的增加，会带动该行业的发展，使得商务服务业这种知识密集型行业在服务业中占有更大的份额。因此，商务服务业对外贸易的发展对我国服务业内部结构及其对外贸易的升级具有正向的促进作用。

第八章　结论、政策建议与展望

第一节　研究结论

我们分别从新常态下中国的产业结构变迁规律、国际贸易对工业就业的影响、国际分工对中国产业结构转型缓慢的影响、可贸易性服务业内部结构及其国际贸易结构四个方面来总结本书的主要研究内容。

一、新常态下中国的产业结构变迁规律

首先，在中国经济新常态背景下，计算机软件行业等知识密集型行业飞速发展，IT 行业作为一个国家经济发展的火车头，在悄悄改变着人们的生活、消费和生产的方式。资本积累中越来越高的比重发生在服务业部门，服务业部门开始占有越来越高的资本品生产份额。针对这种现象，本书在第四章中将经济体分为两大类：生产资本品的部门和生产消费品的部门，使用 GBGP 的概念，最终实现了经济增长和结构变迁的融合。

其次，一国经济的发展实际上就是经济总量与产业结构相互作用从而导致经济增长与产业结构变迁的结果，而驱动产业结构变迁的机制主要有价格效应、收入效应和资本深化。根据我们建立的四部门经济增长模型得到结论：经济的增长率取决于投资部门的技术进步增长率；对于已经步入后工业化时代的发达国家，它们对于物质消费品的改变速度是相对平缓的，在这样的经济体中，人们更关注的是观念产品的消费。

二、国际贸易对工业就业的影响

首先，纳入国际贸易的考虑，建立开放框架中的经济增长和结构变迁模型，使用“出口/GDP”（即出口依存度）来代理的国际贸易，得到国际贸易对工业部门就业份额倒“U”形影响的结论，求得拐点值为 44.86%，即当出口依存度低于 44.86%时，出口依存度的提高将会增加该城市工业部门的就业份额，当出口依存度高于 44.86%时，出口依存度的进一步提高将会降低工业部门的就业份额，这说

明随着经济的发展，中国工业吸纳劳动力的能力在某一时刻会下降，我们要解决大量从农村释放出来的劳动力就业问题，必须靠服务业的拉动。

其次，通过国际贸易影响工业就业份额面板数据的回归结果，得到中国一些发达城市如北京、上海、广州、深圳、杭州、南京、苏州、无锡，处于工业化的后期阶段或已步入后工业化社会，大多数劳动力不再从事农业或制造业，而是从事服务业。生产的重心由制造业转变为服务业，具有专业和技术类型的职业处于优先地位，那些具有创造性的“知识技术”在经济发展中具有重要地位。高技术和信息技术产业快速发展，科技产业、教育与培训业、信息产业、文化产业、知识密集型服务业等，成为增长和就业的明星行业，对于这些城市，出口的进一步增长会降低工业的就业份额，因为对于这类城市来说，对外贸易更多的是集中在高新技术产业的出口上，而制造业产品则会因为产业转移，而转移到其他发展程度较低的城市，这便造成了这类城市制造业部门就业份额的降低和服务业就业份额的上升，主要会增加服务业的就业份额。重庆、济南和西安这三个内地城市还需进一步提高开放水平，这些城市出口依存度的提高有助于提高它们的工业部门的就业，促进它们的工业化进程。

三、国际分工对中国产业结构转型缓慢的影响

首先，我们通过对中国三次产业的产值份额、就业份额及人均 GDP 的考察，发现中国虽然处于中等发展国家水平，人均 GDP 也处于较高的水平，但是通过国际对比，发现中国服务业的发展水平明显滞后于同等发展水平的国家。本书基于“制造-服务”的视角，发现国际分工是影响中国产业结构演进的外部因素。

其次，“制造-服务”的国际分工对中国产业结构向服务型经济演进的影响是倒“U”形的，即存在一个临界点，在未达到这个临界点之前，“制造-服务”这种模式的国际分工能够促进产业结构的演进，这个阶段是中国工业化的早、中期阶段，这种模式的国际贸易确实促进了中国的经济增长，并在前期促进了产业结构向高级化的演进。但是超过这个点后，“制造-服务”这种模式的国际分工只会让中国过度依赖工业品的出口和服务品的进口，从而抑制中国产业结构向服务型经济演进，这个阶段是中国开始进入工业化的成熟期阶段。现在，世界经济格局发生了巨大的变化，以工业制成品出口、服务品进口为主的贸易模式也许在短期内还能促进经济的增长，但是却严重阻碍了中国经济向服务经济的演进，使中国产业结构被锁入“低水平过度制造化的”状态，这将导致中国经济不可持续发展。

最后，经济增长率对产业结构变迁影响为负，这说明中国经济增长过程中对服务业产生的收入效应和关联效应小于工业对服务业的挤出效应。贸易结构对产业结构向服务型经济演进的作用是负向的，对于这个结论的解释如下：加工贸易与一般贸易进出口总额的比值增加反映加工贸易相比一般贸易的增加，由于加

工贸易“两头在外”,与国内的各产业部门关联度极低,并且它又具有劳动密集型的特征,它主要是发生在工业部门,这就使得工业部门占用大量的劳动力资源,产生对服务业的挤出效应,中国加入 WTO 之后,加工贸易占据了中国国际贸易的半壁江山,这便加剧了国际贸易对中国服务业的挤出效应,从而进一步解释了“制造-服务”的国际分工对中国产业结构向服务型经济演进的倒“U”形影响。消费结构对产业结构向服务型经济演进起正向影响作用,说明居民对服务性产品消费的增加,会促进服务性产品的生产,从而促进产业结构向服务型经济的演进。

四、可贸易性服务业内部结构及其国际贸易结构

1. 服务业发展现状及趋势

我国服务业的发展远远滞后于国际上发达国家服务业的发展,并且也落后于同等发展水平国家的发展。虽然生产性服务业结构有所优化,金融保险服务业、商务服务业、旅游业增加值比重有所增加,但属于知识技术密集型行业的信息服务业的发展却不理想,急需进一步优化。

2. 可贸易性服务业国际贸易与服务业行业发展关系

第一,交通运输业的发展对其贸易的发展起着基础性作用,金融保险服务业的发展只对其出口具有基础性作用,而旅游业的发展对其对外贸易既表现出基础性作用,也表现出贸易对行业发展的带动作用,商务服务业、建筑业、信息服务业的发展都表现为较弱的行业对贸易的基础性作用;商务服务业、金融保险服务业贸易的发展对其行业的发展具有较强的带动作用,金融保险服务业具有明显的进口替代效应。

第二,属于资本密集型行业的交通运输业对其贸易的发展具有很强的基础性作用,它的增加值比重的下降会引起贸易比重的下降,这对我国服务业结构的优化具有积极的推动作用。属于劳动密集型行业的旅游业贸易的发展对行业的发展具有带动作用,同时旅游业的发展对贸易也有基础作用。旅游贸易比重的下降会对我国服务业的结构优化起到积极的作用。虽然旅游业增加值比重的上升对国民经济中其他行业的发展具有很好的带动作用,不过这只会使我国服务业整体在国民经济中的比重上升,而不会使服务业内部朝着知识密集型行业占主导的结构升级。金融服务进口比重的下降对整个服务业结构及贸易结构的优化具有积极的正向作用。商业对外贸易的发展对我国服务业内部结构及其对外贸易的升级具有正向的促进作用。

第三,近些年,我国的服务贸易出现逆差的行业主要是交通运输业、旅游业、金融保险服务业,出现顺差的行业主要是建筑业、商务服务业、信息服务业。从改善供给的角度看,旅游业的逆差对我国是有利的,但交通运输业的逆差是不合理的。鉴于目前我国的贸易结构,我国的服务贸易逆差还会持续一段时间,对这种

状况,一方面我们需要容忍这种状况一段时间的持续,另一方面要努力做出一些体制及政策上的改变来提升这些行业的发展。

第二节　政策建议

本书首先在封闭框架中构建动态优化模型,使用动态优化原理分析这个新常态背景下产业结构变迁和经济增长的新特征,然后将研究扩展到开放框架中,从理论和实证两个方面研究国际贸易对工业部门就业份额所产生的影响;接着在“制造-服务”的国际分工视角下研究中国产业结构变迁滞后于国民经济发展的原因;最后对中国可贸易性服务各行业内部结构及其国际贸易结构作出详细分析,并对中国服务业贸易逆差状况进行分析。针对本书所做的工作,我们从国际贸易、产业结构调整劳动力、可贸易性服务业等几个方面给出政策建议。

一、在国际贸易方面的建议

首先,我们要正视中国服务业滞后于国民经济发展的现实,并意识到“制造-服务”的国际分工确实是一个重要的影响因素。中国素有“世界工厂”之称,为了避免在“去产能化”过程中可能会引发的“产业空心化”问题,应该大力发展服务业和战略新兴产业。长三角和珠三角一些沿海城市,已经具备率先向后工业化社会转型的条件,这便要求我们努力扩大服务业方面的内需,提升中国服务业产品的国际竞争力。这就要求我们放开服务业领域的对外贸易,扩大服务产业的投资和出口,在招商引资时,注意引进那些在服务业方面具有竞争优势的 FDI,以提高中国服务业的比较优势,努力扭转国际分工对中国结构演进的负面影响。

其次,中国需要通过推进贸易方式的改变来促进产业结构的升级。自改革开放以来,中国拥有巨大制造业产品的贸易额,因此一直被称为制造业大国,但其实这是建立在中国充足且廉价的劳动力基础之上的,在制造业中创造的价值仅仅是处于产业链的最低端,从国际贸易中得到利润其实是很低的,造成了中国是贸易大国但非贸易强国的局面,要改变这种局面,需要做到:第一,保持现有的出口产品的竞争优势,同时培育新出口产品的竞争优势,这点我们可以向美国借鉴学习,在保持劳动密集型出口产品的竞争优势时,提高资本密集型产品的出口力度,培育知识技术密集型产品的竞争优势;第二,优化进出口结构,发挥进出口的综合效应,利用中国市场规模的优势来吸引国外的产品及投资,有效利用各国的资源来提升中国的产业水平。

再次,扩大服务业的对外开放程度,促使更多的服务业领域参与到国际贸易的竞争中去,例如,提高教育文化、信息软件、金融等这些领域的企业竞争力,使其能够顺利参与到国际贸易中去；同时要在资本、技术、劳动力、管理等方面加强国际合作交流；再者，尽力建立完善的贸易和投资优惠通道，尽量减少审批手续，以此为开放创造良好的环境，同时，也要鼓励具备条件的企业去海外进行投资，更好地实现全球化配置。

最后，从理论上来讲，发达国家进口发展中国家的劳动密集型产品和资源密集型产品能降低国内产品的价格，从而提高社会福利，但是这会导致国内就业出现压力，于是它们会采取非关税贸易壁垒来阻碍发展中国家廉价的劳动密集型产品的进入，这会导致发展中国家在国际分工中处于不利的地位，那么对于尚属于发展中国家的中国来说，应该通过关税、财政等手段扶持高新技术产业的发展，比如，在一定的时期内，适度提高关税，或利用进口配额、许可证、政府采购等非关税手段保护幼稚产业，保护高新技术产业的出口，使企业具备规模经济，降低成本，从而提高该产业的国际竞争力，并因此带来外部经济。对于第三产业的知识密集型部门，要提高其国内的市场集中度，在产业内扶持有国家竞争力希望的高技术产业，鼓励具有优势的企业通过资本市场与产权市场来兼并弱小的企业，给予那些重点企业的研究开发费用，以财政补贴、税收优惠及信贷支持，积极为高新技术产业动态规模经济的获得创造条件。这样才有利于发展中国家向服务经济迈进，不至于出现“过度制造化”而停留在工业化阶段止步不前。

二、在产业结构调整方面的建议

首先，由于在本书的第三章得到了经济的增长率取决于资本品生产部门的技术进步率，那么我们要发展一国经济，就要提高该国的生产资本品部门的技术进步率，例如，加大中国软件产业的研发和创新；对于步入后工业化时代的发达国家，对物质消费品的改变速度是相对平缓的，在这样的经济体中，人们更关注的是观念产品[①]的消费，因此，我们在经济发展的同时，要注重文化产业的发展，提升国民的文化素养；针对中国目前的经济发展现状，要调结构，促增长，那么我们应该支持投资部门的生产，加大IT等知识产业的研发力度，启动生产性服务业这个产业升级发展的引擎。

其次，虽然中国长三角、珠三角和渤海经济圈在制造业的各个层次上表现得都好像欣欣向荣，诸多产品的产量在世界上也是首屈一指，但其实中国的制造业产品在国际贸易领域内盈利极少，原因是中国处在“产业链6+1”的最低端，是浪费资源、破坏环境、压榨劳动力的加工制造环节，而诸如产品设计、终端零售等这

① 观念产品分为三种基本类型：第一类是资源形态的观念产品，例如，自然景观资源、传统文化资源、教育和科学技术资源等；第二类是加工形态的观念产品，例如，各类不断升级换代的“软件”；第三类是最终消费形态的观念产品，例如，包括广告、建筑设计、艺术、工艺品、设计、数码娱乐、电影、音乐、表演艺术等。

些利润极高的环节都被发达国家，特别是美国所经营。因此，要提高中国产业的实力，需要实现“产业链 6+1”的高效整合，注重发展生产性服务业，注重基础研究和协调创新，同时要发展战略性新兴产业，重点在高端装备制造业、新材料产业、信息产业、节能环保产业、生物医药等，逐步淘汰那些环境污染严重且附加值低的产业。

最后，夯实中国具有实业竞争优势的产业，为大力发展服务业打好基础；着重发展生产性服务业，将其与先进制造业有效融合，使其与工业能够联动发展；同时也要积极发展生活性服务业，如酒店、家政等。当然，这些都需要有政策优惠的环境作为搭配，因此政府需要减少服务业的审批手续，为服务业的发展创造良好的政策环境。

三、在劳动力方面的建议

从第六章和第七章的研究得到，在中国向工业化后期阶段迈进的过程中，为了避免国际贸易对服务业演进的负面影响，需要促使更多的劳动力能够进入服务行业工作，服务业能成功吸纳那些农村多余的劳动力，以及从制造业退出的多余劳动力，这需要我们做如下工作。

首先，加强素质文化教育及高级职业技能培训，提高劳动力的质量，积累人力资本使其能够适应产业发展的需要。

其次，由于劳动力价格是由供求关系和劳动力市场所决定的，那么我们需要形成合理的工资决定方式，需要建立完善的劳动力市场制度，使劳动力能够无摩擦地进入制造业、服务业就业，促使产业结构向工业化后期阶段顺利过渡，当然，就业结构也出现“三二一”的合理局面。

四、在可贸易性服务业方面的建议

下面主要从可贸易性服务业的几个重点行业包括交通运输业、信息软件业、金融保险服务业、旅游业、通信和电信业给出相关政策建议。

1. 交通运输业

我国民用航空运输和海运近些年以飞快的速度发展。民用航空运输对外贸易存在的主要问题是，国际化程度低、关联行业市场化程度低、基础设施方面亟待加强；海运对外贸易存在的主要问题是，在世界市场上的比重较低、企业的国际竞争力不足、远洋的海运建设比较滞后。因此，欲加强我国交通运输业及其对外贸易的发展，需要加快民用航空运输业的进程、鼓励国内民用航空企业积极参与国际竞争、摒弃“国货国运”的旧观念，把海运企业推向国际市场，增强海运的国际竞争力。

2. 金融保险服务业

首先，我国金融保险服务业贸易结构不平衡，这表现为我国金融贸易长期存在逆差，主要是由于国际竞争力较弱的保险服务比重较高，而银行等其他服务比重却很低；其次，金融保险服务业内部结构也不平衡，我国金融保险服务业内部以银行业为主，证券、保险比重偏低，这刚好与其贸易结构形成反差；最后，我国金融保险服务业特别是银行金融保险服务业在从业人员素质、规模、业务能力方面都比较低，还不具备参与国际竞争的能力。因此，欲增强我国金融保险服务业的竞争能力，需要做到：第一，对于保险业来说，要控制它的进口以防止国外的进口保险的超额供给。第二，对于金融业来说，推动金融服务业市场开放；加强金融方面的人才培养；完善金融监管体系，进一步改善金融的配套提供服务的能力。由于金融服务业具有进口替代效应，且其进口服务具有外溢性，因此，可以选择暂时的逆差状态来鼓励进口，并由此带动金融行业的发展。

3. 旅游业

从改善供给的视角来看，旅游服务的逆差是合理的。旅游服务的进口在不断扩大的这种趋势下，不但可以增进我国同国外人们的相互交流，而且对人民币升值的压力也有缓解的作用，进一步在一定程度上缓解我国通货膨胀的压力。旅游服务进口的扩大能够带动旅游业的发展，使我国旅游业走向世界，提高我国旅游企业的服务能力。我们采取在一定程度上鼓励旅游服务的进口，以此提升国内旅游的服务水平。

4. 信息软件业

我国软件与信息业存在的问题主要有软件市场基础薄弱、创新能力有待提高、软件市场出口结构不合理等，例如，不管是衡量一个国家软件产业实力的主要标志还是整体科技实力，系统软件在全球市场的占比都是一个很重要的标志，然而，我国软件在每年的出口构成中，应用软件比重过高，系统软件和支撑软件比重过小，系统软件基本被欧美企业瓜分，我们处于国际产业链的下游，在参与国际竞争时，主要的动力是劳动密集型优势，这些都反映出我国软件产业存在的问题。因此，欲发展我国的软件产业，在政策上有以下建议。

首先，建立软件和信息外包服务的品牌。软件市场在数据挖掘和分析、安全编码等领域前景十分广阔，我国在这些领域有大量人才，可以利用这个优势作为我国软件产业创新的突破口，把目前软件企业从较低的系统集成向高附加值的决策分析及数据安全业务上转移，以此建立我国的竞争优势及品牌。

其次，要注意软件信息产业方面的知识产权保护。完善的知识产权保护机制为我国软件产业的发展提供了良好的信用环境以及好的市场秩序。

最后，建设差异化的软件出口基地，并完善基础设施建设，建设离岸自建中心，主要可以降低出口单一化的风险。

5. 通信、电信业

通信、电信这种由于国家的法律政策形成较高进入壁垒的行业，由于无法通过外资政策来吸引外商投资促进行业的发展和技术的进步，考虑到该行业进口服务有较高外溢性，我们可以选取鼓励进口的贸易政策，也许暂时会产生逆差，但最终会达到产业的发展目标。

五、其他政策建议

第一，城市化也是促进中国产业结构向后工业化社会演进的重要途径，但是，以往的城市化质量并不是很高，为此，提高中国城镇化水平的质量能促进中国经济产业结构向服务经济的演进，这便需要我们注重职业教育及科教文化的发展，提高国民的整体素质，使滞留在农村及制造业低端的劳动力顺利转移进入服务业。

第二，对于政府部门来说，要建立服务型政府，打破行政垄断，优先发展的服务业领域应该是医疗、教育、养老等一些公共服务，以此解除居民的后顾之忧并带动私人消费。

第三节　展　　望

本书研究新常态背景下，中国经济转型期国际贸易对产业结构变迁的影响。首先，在封闭框架中得到产业结构变迁和经济增长的新特征；其次，在开放框架中分析国际贸易对产业结构变迁的影响；接着，分析了国际分工对产业结构变迁的影响；最后，分析了中国可贸易性服务业内部结构及其国际贸易结构的变化趋势。本书还尚有进一步的研究空间，主要如下。

第一，在关于经济增长和产业结构变迁的模型中，我们为了简化计算，简单考虑每个生产部门都有相同的资本收入份额，并且是常数，不会随时间变化而发生改变，这便排除资本深化在结构变迁中的作用。然而，中国从20世纪80年代中期到现在，由于投资的增加速度远远大于劳动力供给的增加速度，在这段时间也一直处于资本深化的过程之中。不只是中国，任何一个经济体随着经济的发展，都会出现资本深化的现象，这是与现实有出入的地方。后续的研究会在三次产业的生产函数中设置不同的资本份额，并且允许它是一个能随经济的增长而发生改变的量，这便可以在考虑收入改变、技术进步的同时，综合考虑资本深化在产业结构变迁中的作用。

第二，针对中国目前的发展现状，下一步还将从理论及实证方面研究生产性服务业对经济增长和产业结构优化的作用。

第三，在当今社会，观念生产部门、观念产品对一国居民生活的影响越来越大。下一步还将尝试使用观念经济学理论考察经济增长、国际贸易与产业结构变迁之间的关系。

参考文献

[1] 包群.贸易开放与经济增长:只是线性关系吗[J].世界经济,2008(9).

[2] 蔡昉,王德文,曲玥.中国产业升级的大国雁阵模型分析[J].经济研究,2009(9).

[3] 曹裕,陈晓红,马跃如.城市化、城乡收入差距与经济增长——基于我国省级面板数据的实证研究[J].统计研究,2010,27(3).

[4] 陈体标.经济结构变化和经济增长[J].经济学,2007,6(4).

[5] 陈体标.技术增长率的部门差异和经济增长率的“驼峰形”变化[J].经济研究,2008(11).

[6] 陈晓光,龚六堂.经济结构变化与经济增长[J].经济学,2005,4(3).

[7] 程大中.中国服务业增长的特点、原因及影响——鲍莫尔-福克斯假设及其研究[J].中国社会科学,2004(2).

[8] 程大中.中国经济正在趋向服务化吗——基于服务业产出、就业、消费和贸易的统计分析[J].统计研究,2008(9).

[9] 程大中.中国服务业存在“成本病”问题吗[J].财贸经济,2008(12).

[10] 邓伟根.产业转型:经验、问题与策略[M].北京:经济管理出版社,2006.

[11] 郑若谷,干春晖,余典范.转型期中国经济增长的产业结构和制度效应——基于一个随机前沿模型的研究[J].中国工业经济,2010(2).

[12] 高传胜,李善同.中国服务业:短处、突破方向与政策着力点——基于中、美、日、德四国投入产出数据的比较分析[J].中国软科学,2008(2).

[13] 高传胜,汪德华,李善同.经济服务化的世界趋势与中国悖论:基于WDI数据的现代实证研究[J].Finance and Trade Economics,2008(3).

[14] 郭克莎.总量问题还是结构问题?——产业结构偏差对中国经济增长的制约及调整思路[J].经济研究,1999(9).

[15] 胡向婷,张璐.地方保护主义对地区产业结构的影响[J].经济研究,2005(2).

[16] 黄茂兴,李军.技术选择、产业结构升级与经济增长[J].经济研究,2009(7).

[17] 黄少军.服务业与经济增长[M].北京:经济科学出版社,2000.

[18] 姜茜,李荣林.我国对外贸易结构与产业结构的相关性分析[J].经济问题,2010(5).

[19] 江小涓.服务业增长:真实含义、多重影响和发展趋势[J].经济研究,2011(4).

[20] 江小涓.服务全球化的发展趋势和理论分析[J].经济研究,2008(2).

[21] 蒋昭侠.产业结构问题研究[M].北京:中国经济出版社,2004.

[22] 金荣学,谢洪涛.中国城市化水平对省际经济增长差异的实证分析[J].管理世界,2010(2).

[23] 李飞跃.技术选择与经济发展[J].世界经济,2012(6):45-62.

[24] 李慧.中东欧国家 FDI 对产业结构和经济增长影响研究[J].复旦大学,2009(6).

[25] 李尚骜,龚六堂.非一致性偏好、内生偏好结构与经济结构变迁[J].经济研究,2012(7).

[26] 李勇坚,夏杰长.中国经济服务化的演变与判断——基于相关国际经验的分析[J].财贸经济,2009(11).

[27] 李元旭,谭云清.国际服务外包下接包企业技术创新能力提升路径——基于溢出效应和吸收能力视角[J].中国工业经济,2010(12).

[28] 刘伟,张辉.中国经济增长中的产业结构变迁和技术进步[J].经济研究,2008(11).

[29] 刘宇.外商直接投资对中国产业结构影响的实证分析——基于面板数据模型的研究[J].南开经济研究,2007(1).

[30] 吕健.城市化驱动经济增长的空间计量分析:2000—2009[J].上海经济研究,2011(5).

[31] 钱纳里,鲁滨逊,赛尔奎因.工业化和经济增长的比较研究[M].上海:上海三联书店,1989.

[32] 孙军.需求因素、技术创新与产业结构演变[J].南开经济研究,2008(5).

[33] 王静.FDI 促进中国各地区产业结构优化的门限效应研究[J].世界经济研究,2014(3).

[34] 王稳琴,王成军,刘大龙.中国城市化与经济增长关系研究[J].山西大学学报(哲学社会科学版),2011(2).

[35] 项本武,张鸿武.城市化与经济增长的长期均衡与短期动态关系——基于省际面板数据的经验证据[J].华中师范大学学报(人文社会科学版),2013(2).

[36] 许宪春.90 年代我国服务业发展相对滞后的原因分析[J].管理世界,2000(6).

[37] 许宪春.中国服务业核算及其存在的问题研究[J].经济研究,2004(3).

[38] 徐朝阳.工业化与后工业化:“倒 U 形”产业结构变迁[J].世界经济,2010(12).

[39] 薛继亮.技术选择与产业结构转型升级[J].产业经济研究,2013(6).

[40] 严成樑,龚六堂.政府支出、税收与长期经济增长[J].经济研究,2009(6).

[41] 袁志刚,解栋栋.中国劳动力错配对 TFP 的经验分析[J].经济研究,2011(7).

[42] 张捷,周雷.国际分工对产业结构演进的影响及其对中国的启示——基于

新兴工业化国家跨国面板数据的经验分析[J]. 国际贸易问题,2012(1).
[43] 张军,吴桂英,张吉鹏. 中国省际物质资本存量估算:1952—2000[J]. 经济研究,2004(10).
[44] 张军,金煜. 政府间财政改革、金融深化与中国的地区差距:脱落的环节[J]. Social Sience in China,2006(1).
[45] 张燕,陈漓高. 从对外贸易看中国产业升级的路径——基于投入产出法的实证分析[J]. 世界经济研究,2007(12).
[46] 周辰亮,丁剑平. 开放经济下的结构转型:一个三部门的一般均衡[J]. 世界经济,2007(6).
[47] 朱孔来,李静静,乐菲菲. 中国城镇化进程与经济增长关系的实证研究[J]. 统计研究,2011(9).
[48] Amable B. International specialization and growth[J]. Structural change and Economic Dynamics,2000,11(4).
[49] Acemoglu, Daron, Guerrieri, et al. Capital deepening and non-balanced economic growth[J]. Journal of Political Economy,2008,116(3).
[50] Balassa B. Évolution de la structure des échanges de produits manufacturés entre pays industriels et pays en développement[J]. Revue économique,1981,32(4).
[51] Barro R J. Government Spending in A Simple Model of Endogenous Growth[J]. Journal of Political Economy,1990,98(5).
[52] Baumol, William J. Macroeconomics of unbalanced growth: the anatomy of urban crisis[J]. American Economic Review,1967,57(3).
[53] Baumol W J, Blackman S B, Wolff E N. Unbalanced growth revisited: Asymptotic stagnancy and new evidence[J]. American Economic Review,1985,75(4).
[54] Betts, Caroline M, Rahul Giri, et al. Trade, reform and structural transformation in South Korea[D]. Manuscript, University of Southern California,2011.
[55] Boppart Timo. Structural change and the Kaldor facts in a growth model with relative price effects and non-Gorman preferences[D]. Working paper 2, University of Zurich,2011.
[56] Brandt Loren, Chang-tai Hsieh, Xiaodong Zhu. China's structural transformation[M]. Cambridge: Cambridge University Press,2008.
[57] Brandt, Loren and Zhu Xiaodong. Accounting for China's growth[J]. Working paper No. 102, University of Zurich,2010(2).

[58] Buera Francisco J, Kaboski Joseph P. Can traditional theories of structural change fit the data[J]. Journal of the European Economic Association, 2009(7).

[59] Buera Francisco J, Kaboski Joseph P. Scale and the origins of structural change[J]. Journal of Economic Theory, 2012, 147(4).

[60] Caselli Francesco, Coleman Wilbur J. The US structural transformation and regional convergence: a re-interpretation [J]. Journal of Political Economy, 2001, 109(6).

[61] Caselli Francesco. Accounting for cross-country income differences[M]. In Philippe Aghion and Steven Durlauf, eds, Handbook of economic growth Vol. 1A. North Holland: Amsterdam and New York, 2005.

[62] Caselli Lorenzo, Parro Fernando. Estimates of the trade and welfare effects of NAFTA[D]. Yale University and Federal Reserve Board, 2011.

[63] Chenery H. Patterns of Industrial Growth [J]. American Economics Review, 1960(9).

[64] Clark C. The condition of Economic Progress [M]. London: Macmillan, 1940.

[65] Dekle Robert, Guillaume Vandenbroucke. A quantitative analysis of China's structural transformation[J]. Journal of Economic Dynamics and Control, 2012, 36(12).

[66] Dennis Benjamin N, Iscan Talan B. Engle versus Baumol: Accounting for structural change using two centuries of U. S. data[J]. Explorations in Economics History, 2009, 46(10).

[67] Devarajan S, Swaroop V, Zou Heng F. The Composition of Public Expenditure and Economic Growth[J]. Journal of Monetary Economics, 1996, 37(3).

[68] Duarte Margarida, Restuccia Diego. The role of the structural transformation in aggregate productivity [J]. Quarterly Journal of Economics, 2010, 125(5).

[69] Easterly W, Rebelo S. Fiscal Policy and Economic Growth[J]. Journal of Monetary Economics, 1993, 32(3).

[70] Eaton Jonathan, Kortum Samuel. Technology, geography, and trade[J]. Econometrica, 2002, 70(10).

[71] Echevarria Cristina. Agricultural development vs. industrialization: effects of trade[J]. Canadian Journal of Economics, 1995, 28(4).

［72］ Echevarria Cristina. Changes in sectoral composition associated with economic growth[J]. International Economic Review,1997,38(2).

［73］ Feenstra C,Hanson H. Ownership and Control in Outsourcing to China: Estimating the Property-Rights Theory of the Firm[J]. The Quarterly Journal of Economics,2005,120(2).

［74］ Finicelli Andrea, Pagano Patrizio, Sbracia Massimo. Ricardian selection [J]. Journal of International Economics,2013,89(1).

［75］ Fisher A G, The Clash of Progress and Security [M]. London: Macmillan,1935.

［76］ Foellmi Reto,Zweimuller Josef,Structural change,Engel's consumption cycles and Kaldor's facts of economic growth[J]. Journal of Monetary Economics,2008,55(7).

［77］ Francois J,Hoekman B. Service Trade and Policy[J]. Journal of Economic Literature,2010,48(3).

［78］ Gollin Douglas, Richard Rogerson. Agriculture, road and economic development in Uganda[J]. Working paper,2010.

［79］ Grossman G,Helpman E. Comparative Advantage and Long-Run Growth [J]. American Economic Review,1990,80(8).

［80］ Grossman G M, Helpman E. Innovation and Growth in the Global Economy[M]. Cambridge:MIT Press,1992.

［81］ Hansen Gary D,Edward Prescott C. Malthus to Solow[J]. The American Economic Review,2002,92(4).

［82］ Herbert Grubel G,Micheal Walker A. Service Industry Growth Cause and Effectes[J]. Journal of Economic Literature,1990(4).

［83］ Herrendorf Berthold, Rogerson Richard, Valentinyi Akos. Two perspectives on preferences and structural transformation [J]. Forthcoming:American Economic Review,2012.

［84］ Ju Jiandong, Lin Yifu, Wang Yong. Endowment structures, Industrial dynamics and economics growth[D]. IMF and University of Oklahoma (Manuscript),2009.

［85］ Kaldor N. The role of increasing returns, technical progress and cumulative causation in the theory of international trade and economic growth[J]. Economic Appliquee,1981,34(6).

［86］ Kneller R,Bleaney M F,Gemmell N. Fiscal policy and growth: Evidence from OECD Countries[J]. Journal of public Economics,1999,74(3).

[87] Kim John, Kim June-Dong. Trade in services in the Asia Pacific Region NBER East Asia Seminar on Economic growth[J]. Review of Economic Studies,2003,68(8).

[88] Klodt H. Structural change towards services: The German experience[R]. University of Birmingham IGS(Discussion Paper),2000.

[89] Kongsamut Piyabha,Rebelo Sergio,Xie Danyang. Beyond balanced growth [J]. Review of Economic Studies,2001,68(8).

[90] Kuznets Simon. Quantitative Aspects of the Economic Growth of Nations Ⅱ[J]. Economic Development and Cultural Change,1957(5).

[91] Laitner John. Structural change and economic growth [J]. Review of Economic Studies,2000,67(3).

[92] Matsuyama Kiminori. Agricultural productivity, comparative advantage and economic growth[J]. Journal of Economic Theory,1992,58(10).

[93] Matsuyama Kiminori. Structural change in an interdependent world: a global view of manufacturing decline [J]. Journal of the Economic European Association,2009(7).

[94] Messina Julian. The role of product market regulations in the process of structural change[J]. European Economic Review,2006,50(2).

[95] Ngai Rachel L, Pissarides Christopher A. Structural change in a multi-sector model of growth[J]. American Economic Review,2007,97(1).

[96] Ozawa T. Japan in a New Phase of Multinationlism and Industrial Upgrading: Functional Integration of Trade Growth and FDI[J]. Journal of World Trade,1991,25(1).

[97] Park S. Transitional Dynamics of Structural Changes [M]. Mimeo: University of Rochester,1995.

[98] Pasinetti L L. Structural Change and Economic Growth: A Theoretical Essay on the Dynamics of the Wealth of Nations [M]. Cambridge: Cambridge University Press,1984.

[99] Ping Wang,Danyang Xie. Activation of a modern industry[J]. Journal of Development Economics,2004,74(2).

[100] Rogerson R. Structural Transformation and the Deterioration of European Labor Market Outcomes [J]. Journal of Political Economy, 2008,116(2).

[101] Romer P. Endogenous Technological Change [J]. Journal of Political Economic,1990,98(2).

[102] Sposi Michael. Evolving comparative advantage, structural change and the composition of Trade[D]. University of lowa(Manuscript),2012.

[103] Swiecki Tomasz. Intersectoral distortions, structural change and the welfare gains from trade[D]. Princeton University(Manuscript),2012.

[104] Teignier Bacque Marc. The role of trade in structural transformation [D]. Universidad de Alicante(Manuscript),2012.

[105] Thirlwall A P. The balance of payments constraint as an explanation of international growth of international growth rate differences[J]. Banca Nazionale Del Lavoro Quarterly Review,1979,32(12).

[106] Timothy Uy,Yi K M,Zhang J. Structural Change in an Open Economy [J]. Journal of Monetary Economics,2013,60(6).

[107] Yi K M,Zhang J. Structural Change in an Open Economy[J]. Working Paper,2010.